A Imprensa Imigrante

Trajetória da Imprensa das Comunidades Imigrantes em São Paulo

GOVERNO DO ESTADO DE SÃO PAULO

Alberto Goldman
Governador do Estado

Andrea Matarazzo
Secretário de Estado da Cultura

Fernanda Bandeira de Mello
Secretária Adjunta

Sergio Tiezzi
Chefe de Gabinete

Claudinéli Moreira Ramos
Coordenadora da Unidade de Preservação do Patrimônio Museológico

Memorial do Imigrante do Estado de São Paulo

Instituto de Museus, Memórias e Identidades

Francisco Della Torre
Presidente do Conselho de Administração

Ana Maria da Costa Leitão Vieira
Diretora Executiva

Plínio Carnier Jr.
Diretor Administrativo Financeiro

Silmara Baltazar Novo
Diretora Técnica

Imprensa Oficial do Estado de São Paulo

Hubert Alquéres
Diretor-Presidente

Teiji Tomioka
Diretor Industrial

Flávio Capello
Diretor Financeiro

Lucia Maria Dal Medico
Diretora de Gestão de Negócios

A Imprensa Imigrante

Trajetória da Imprensa das Comunidades Imigrantes em São Paulo

Marcelo Cintra

© 2010 Memorial do Imigrante do Estado de São Paulo

Biblioteca da Imprensa Oficial do Estado de São Paulo

Cintra, Marcelo
    A imprensa imigrante: trajetória da imprensa das comunida-
des imigrantes em São Paulo / Marcelo Cintra – São Paulo :
Memorial do Imigrante : Imprensa Oficial do Estado de São
Paulo, 2010.

    144 p. : il.

    isbn 978-85-7060-975-5

    1. Jornalismo comunitário 2. Jornalismo – São Paulo (Estado)
– História 3. Imigrantes – São Paulo (Estado) – História. I.
Título.

cdd-070.48

Índice para catálogo sistemático:

1. Jornalismo comunitário 070.48
2. São Paulo (Estado) : Imigrantes : História 981.16

Nesta edição, respeitou-se o Novo Acordo Ortográfico da Língua Portuguesa

Foi feito o depósito legal na Biblioteca Nacional

(Lei nº 10.994, de 14.12.2004)

Proibida a reprodução total ou parcial sem a autorização prévia dos editores

Direitos reservados e protegidos

(Lei nº 9.610, de 19.2.1998)

Impresso no Brasil, 2010.

Memorial do Imigrante do Estado de São Paulo
Rua Visconde de Parnaíba, 1.316 Mooca
03164-300 São Paulo SP Brasil
www.memorialdoimigrante.sp.gov.br

Imprensa Oficial do Estado de Sao Paulo
Rua da Mooca, 1.921 Mooca
03103-902 São Paulo SP Brasil
sac 0800 01234 01
sac@imprensaoficial.com.br
livros@imprensaoficial.com.br
www.imprensaoficial.com.br

sumário

Apresentação	9
Prefácio	13
Introdução – Brasil: a imprensa tardia	15

A imprensa imigrante e sua trajetória

Cap. 1. Nasce a imprensa imigrantista	19
Cap. 2. A palavra das comunidades	25
Cap. 3. Em língua estrangeira, escreve-se a história do movimento operário brasileiro	33
Cap. 4. Brasil: a imprensa que nasceu sob censura	41
Cap. 5. Crônicas da vida comunitária	49

As comunidades imigrantes e sua imprensa

Italianos	53
Alemães	65
Japoneses	73
Espanhóis	85
Portugueses	95
Árabes	101
Judeus	109
Húngaros	115
Lituanos	119
Tchecos	125
Coreanos	129
Outras comunidades	133
O futuro da imprensa imigrante	138
Bibliografia	140
Ficha técnica	143

"*Através da imprensa imigrante
os habitantes do grande mundo externo
podem ter uma particular visão
sobre o pequeno mundo do imigrante.
Ler algum destes jornais estrangeiros
é como olhar pelo buraco da fechadura
numa sala iluminada.*[1]"

(Robert Park)

[1] PARK, Robert. *The immigrant press and its control*. New York: Harper & Brothers, 1922. p. 113-114

apresentação

ANDREA MATARAZZO
SECRETÁRIO DE ESTADO DA CULTURA

A imprensa imigrante em São Paulo

Esta obra é resultado do amplo trabalho de pesquisa realizado para a exposição *A Imprensa Imigrante em São Paulo*, exibida em 2009 no Memorial do Imigrante, equipamento da Secretaria de Estado da Cultura, que ocupa, atualmente, o complexo de edifícios da antiga Hospedaria de Imigrantes do Brás.

Feito em parceria com a Imprensa Oficial do Estado de São Paulo, este trabalho traça um panorama desde os primeiros periódicos que apareceram no Brasil, ainda no século 19, até os jornais e revistas das comunidades que ainda circulam na cidade de São Paulo.

Partindo do pressuposto de que para se compreender o fenômeno das migrações é necessário um estudo interdisciplinar, o Memorial tem aprofundado seu objeto de pesquisa para além das histórias das migrações por nacionalidades, colocando sob seu foco os vários temas que favorecem a compreensão e o conhecimento do fenômeno. Nesse mesmo sentido ampliou seus estudos para além do século 19, época das imigrações de massa, voltando-se para a investigação da imigração contemporânea.

Escrita, em sua maioria, em língua estrangeira e voltada para o público específico das comunidades imigrantes, a imprensa exerceu, ao lado da fundação de associações, clubes e igrejas, o papel de preservadora dos valores culturais e de inserção do imigrante no novo contexto social.

Hoje, na capital paulista circulam mais de três dezenas de títulos da imprensa imigrante que totalizam uma tiragem de mais de 500 mil exemplares. Nas páginas desses periódicos desvenda-se a memória coletiva da comunidade. São jornais búlgaros, tchecos, lituanos, alemães, italiano e portugueses, espanhóis, árabes, da comunidade judaica, entre outros. Onde havia uma comunidade de imigrantes, havia um jornal.

Os fatos e características mais marcantes da trajetória dos periódicos em língua estrangeira em São Paulo estão aqui representados.

Independentemente de suas características físicas, periodicidade ou linha editorial, a imprensa imigrante ocupa lugar de destaque em São Paulo, maior centro receptor de imigrantes no Brasil.

Tipografia alemã em São Paulo (SP), s/d.
Instituto Martius Staden

apresentação

HUBERT ALQUÉRES
DIRETOR-PRESIDENTE DA IMPRENSA OFICIAL
DO ESTADO DE SÃO PAULO

Assim como a imprensa inventada por Gutenberg foi divisor de águas entre a Idade Média, sinônimo de estagnação cultural, e o que se chamou de Modernidade, signo das revoluções impelidas pelos pensadores iluministas, a utilização desse engenho na propagação da informação inscreveu a humanidade na era da globalização.

Tamanho é o poder da informação que contra sua irrefreável força não há governos, não há barreiras intransponíveis. Ao contrário, ela própria elimina fronteiras sociais, intelectuais e até geográficas.

Ainda que, ironicamente o primeiro jornal oficial do Brasil, *O Correio Braziliense*, tenha sido impresso na Inglaterra, por aqui periódicos mesmo que precários já se impunham contra o despotismo monárquico, a escravidão e outras mazelas sociais que atrelavam o país ao atraso. Mais adiante, os imigrantes com seus pasquins e almanaques em línguas, filosofias e ideologias estrangeiras, pode-se dizer, foram os principais responsáveis pelas maiores transformações sociais no país.

A despeito da censura e repressão, que sempre variou em intensidade na proporção do grau de informação que a imprensa detém, jornais, revistas e outros periódicos das mais diversas línguas cumpriram seu papel e ainda hoje sobrevivem.

Para contar um importante capítulo dessa história, que passa justamente pelas mãos desses brasileiros nascidos noutras terras e seus descendentes, o Memorial do Imigrante em parceria com a Imprensa Oficial do Estado de São Paulo publica a *Imprensa Imigrante*.

Nada mais oportuno e honroso à Imprensa Oficial participar de sua edição, ela que tem como uma das principais missões a preservação e a recuperação de quantos papéis e documentos se prestem à reconstituição precisa do passado do país. Além disso, por meio de um número cada vez mais expressivo de publicações, nas mais diferentes áreas, busca contribuir o quanto possível para a socialização do conhecimento.

Fruto de vastíssima pesquisa a partir do acervo do Memorial do Imigrante, o livro certamente se tornará referência de estudos brasileiros: da imigração e seus reflexos no país; da luta pela instituição e preservação da democracia; e desse revolucionário meio de comunicação: a imprensa escrita.

Por fim, prestará uma homenagem a todos àqueles estrangeiros que ao deixarem sua pátria trouxeram na bagagem riqueza étnica, cultural e ideológica que se fundiu de forma indelével à nacionalidade brasileira, tornando-a um amálgama complexo de feições, hábitos e acentos.

prefácio

ANA MARIA LEITÃO DA COSTA VIEIRA
DIRETORA-EXECUTIVA DO MEMORIAL DO IMIGRANTE

O **Memorial do Imigrante** traz ao público *A Imprensa Imigrante - Trajetória da Imprensa das Comunidades Imigrantes em São Paulo*. Resultado de minucioso e amplo levantamento histórico-bibliográfico, a obra retrata os fatos e características mais marcantes da trajetória dos periódicos em língua estrangeira em São Paulo, sua evolução, seu papel e seu futuro.

Mostrar quem fez e quem faz a imprensa imigrante em São Paulo, desde os primeiros periódicos que apareceram no Brasil, até as mais tradicionais e influentes publicações dirigidas para esse público, que ainda circulam no mercado paulista, é o objetivo desse trabalho.

Ao abordar a história dessa imprensa, a obra discute o papel socializador dos jornais em suas respectivas comunidades, ressaltando a relevância da palavra escrita na preservação e na formação da cultura imigrante em São Paulo, pois, por intermédio da folha impressa, foi possível ao imigrante sentir-se parte de um grupo, de uma comunidade, em que as raízes podiam ser reavivadas e os laços de união e fraternidade fortalecidos.

Assim, a proposta da publicação é recuperar a história dessa imprensa no contexto da história da imigração para São Paulo, permitindo-nos uma nova imersão no imaginário imigrante. Ao lado de outras manifestações culturais, o lançamento de jornais exerceu um papel singular na interação e integração do imigrante ao espaço social receptor e na preservação dos valores de origem. Encarar o nascimento dessa imprensa sob o ângulo da assimilação e da adaptação permitirá ao leitor entender o papel da palavra escrita, via edição de jornais e outros periódicos, na preservação da identidade cultural e manutenção dos laços com a terra natal.

Por outro lado, a importância deste estudo reside no fato de reunir num único trabalho aquilo que de mais significativo se produziu sobre a imprensa imigrante brasileira. O Memorial do Imigrante, mais uma vez, além de contribuir para os estudos sobre a imigração no Brasil, fornece subsídios para a pesquisa nesse campo, amplia o diálogo e proporciona o intercâmbio de informações e experiências com pesquisadores da área, oferecendo contribuição aos estudiosos e ao público em geral com interesse no tema.

Antigo maquinário do jornal *Fanfulla*, 2010.
ACERVO MEMORIAL DO IMIGRANTE

Considerados os primeiros jornais brasileiros, a *Gazeta do Rio de Janeiro* e o *Correio Braziliense* e disputam a primazia de primeiro jornal do Brasil. Acima, as primeiras páginas das primeiras edições de ambos, respectivamente, de 10 de setembro e 1º de junho de de 1808.
ACERVO FUNDAÇÃO BIBLIOTECA NACIONAL – SP

introdução

Por não conseguir sempre pôr em conformidade o direito e o fato, a imigração condena-se a engendrar uma situação que parece destiná-la a uma dupla contradição: não se sabe mais se se trata de um estado provisório que se gosta de prolongar indefinidamente ou, ao contrário, se se trata de um estado mais duradouro, mas que se gosta de viver com um intenso sentimento de provisoriedade.
Abdelmalek Sayad [2]

Brasil: a imprensa tardia

Ao contrário dos principais países latino-americanos, o Brasil adentrou o século 19 sem universidades, sem tipografias e, consequentemente, sem jornais, evidente demonstração de paralisia cultural, fruto da política colonial lusitana dos séculos anteriores. No auge do arrocho colonial sobre o Brasil, as tentativas isoladas de se estabelecerem tipografias naufragaram diante da intransigência metropolitana, preocupada em manter a Colônia isolada dos acontecimentos e, principalmente, das ideias liberais e revolucionárias que circulavam pelo mundo à época. Foi somente a partir da chegada da corte portuguesa comandada por D. João, em 1808, que tal situação sofreu profundas transformações, entre elas aquela que marca o nascimento da imprensa no Brasil.

Muito se debate sobre o marco inicial da história dos periódicos nacionais, pois, de acordo com os historiadores do tema, a imprensa brasileira tem duas datas como marcos fundadores: o lançamento, em Londres, por Hipólito José da Costa, do *Correio Braziliense*, em 1º de junho, e a criação da *Gazeta do Rio de Janeiro*, em 10 de setembro, ambos de 1808. A qual dos dois cabe o título de precursor do jornalismo nacional é tema de controvérsia em função das características de ambos, principalmente em torno das datas, dos locais onde circularam suas primeiras edições e de quem os editava. Porém, "é interessante chamar a atenção para as datas que marcaram o surgimento (1808) e o desaparecimento (1822) do primeiro jornal brasileiro. Ele surgiu, portanto, num momento fundamental de nossa história – quando o Brasil foi sacudido pela onda de cultura e progresso provocada pela presença do rei e de sua corte no Rio de Janeiro – e deixou de existir no ano em que foi proclamada a nossa Independência."[3]

Do surgimento até 1880, a história da imprensa brasileira foi marcada pelo engajamento nas lutas políticas e questões sociais da época, como a Independência, a Abolição da Escravatura, o declínio da Monarquia e a Proclamação da República. Os jornalistas, fossem eles exaltados, moderados ou conservadores, divulgavam suas ideias, atacavam o poder, os adversários e polemizavam por meio das páginas dos jornais. É uma época de atentados, prisões, deportações e perseguições e, nesse contexto, surgem na década de 1820, por exemplo, publicações como o *Correio do Rio de Janeiro*, de João Soares Lisboa; a *Sentinela da Liberdade*, de Cipriano Barata; o *Typhis Pernambucano*,

---
[2] SAYAD, Abdelmalek. *A imigração*. São Paulo: Edusp, 1998. p.45.
[3] LUSTOSA, Isabel. *O nascimento da imprensa brasileira*. 2. ed. Rio de Janeiro: Jorge Zahar, 2004. p. 8-9.

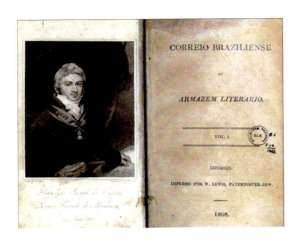

Em 1º de junho de 1808, Hipólito José da Costa Pereira Furtado de Mendonça lançava o *Correio Braziliense* ou *Armazém Literário* – o primeiro periódico regular em língua portuguesa. Foi publicado ininterruptamente, como mensário, até dezembro de 1822, sempre em Londres. Sem a simpatia da Corte instalada no Brasil, o *Correio Braziliense* entrava no Brasil clandestinamente, trazido nos porões dos navios que transportavam mercadorias e escravos.
ACERVO FUNDAÇÃO BIBLIOTECA NACIONAL – BRASIL

de Frei Caneca; *A Malagueta*, pasquim de Luís Augusto May; enquanto Evaristo da Veiga lança a *Aurora Fluminense*. Em São Paulo, o médico italiano Líbero Badaró será assassinado por conta das ácidas críticas ao poder imperial nas páginas do seu *O Observador Constitucional*.

A imprensa panfletária pós-independência luta pela democracia, pela República e, muitas vezes, pelo fim da escravidão. Num período marcado pelo autoritarismo, o jornalismo nacional conhece seus primeiros mártires, como Frei Caneca, Cipriano Barata, Soares Lisboa e Líbero Badaró.

Passadas as primeiras décadas pós-independência, quando os pasquins dominaram o mercado editorial brasileiro, a segunda metade do século 19 assiste ao extraordinário desenvolvimento dos jornais. Sob todos os aspectos, editorial, gráfico ou empresarial, a imprensa brasileira evolui e importantes títulos, que marcaram e marcam a história da imprensa no Brasil, surgem nesse período.

Antes voltado para temas políticos, informações comerciais e notícias em geral, o jornalismo brasileiro amplia a sua segmentação e assiste ao surgimento das revistas ilustradas, das publicações dirigidas ao público feminino e dos jornais destinados às comunidades imigrantes que, aos poucos, se formavam no Brasil, consequência do início do processo imigratório ocorrido no período.

O impacto da chegada de trabalhadores imigrantes ligados à imprensa, entre eles jornalistas, ilustradores, gráficos, impressores e fabricantes de papel, além de intelectuais e lideranças operárias, logo se fizeram sentir no jornalismo da época e, na República Velha (1889-1930), essa presença torna-se definitivamente ligada a dois novos segmentos de periódicos impressos: a imprensa operária e a imprensa imigrantista, ambas surgidas com a imigração em massa e a industrialização de São Paulo registrada na passagem para o século 20.

Dois exemplos do jornalismo político panfletário: a *Sentinela da Liberdade*, de Cipriano Barata, e *O Observador Constitucional*, do médico italiano Giovanni Líbero Badaró.

introdução

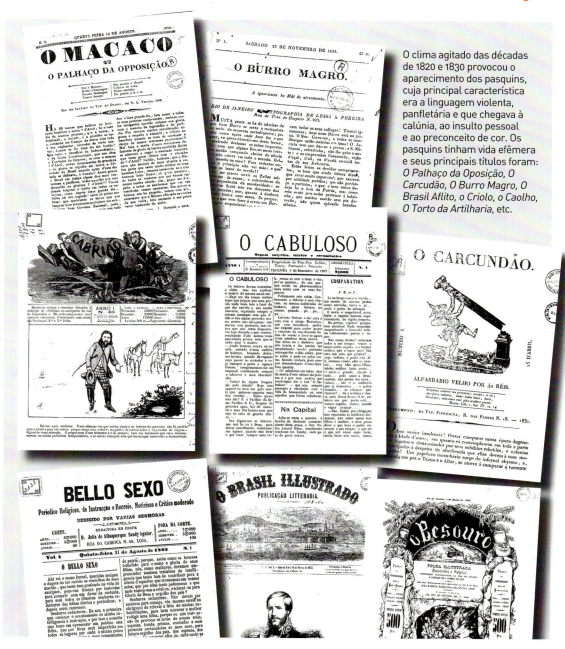

O clima agitado das décadas de 1820 e 1830 provocou o aparecimento dos pasquins, cuja principal característica era a linguagem violenta, panfletária e que chegava à calúnia, ao insulto pessoal e ao preconceito de cor. Os pasquins tinham vida efêmera e seus principais títulos foram: *O Palhaço da Oposição, O Carcudão, O Burro Magro, O Brasil Aflito, o Criolo, o Caolho, O Torto da Artilharia*, etc.

Publicações voltadas para o público feminino, revistas ilustradas, periódicos de sátira política e social são exemplos da diversidade de títulos que toma conta da imprensa brasileira na segunda metade do século 19. Nomes de imigrantes estrangeiros, como Agostini e Bordalo, contribuem para a evolução da ilustração no Brasil.
ACERVO FUNDAÇÃO BIBLIOTECA NACIONAL – BRASIL

Como demonstração da força e importância dos veículos de comunicação da imprensa imigrante em São Paulo, no final da década de 1920 registrava-se a existência de 30 periódicos dessa imprensa, escritos em sete idiomas estrangeiros. São Paulo crescia e com ela a imprensa imigrante nascida havia aproximadamente meio século.

Desembarque de imigrantes no Porto de Santos, (SP), 1907.
ACERVO MEMORIAL DO IMIGRANTE

capítulo 1

É dentro desse quadro, portanto, e ilustrando esse momento, que vemos nascer a imprensa periódica, e é a cidade de São Paulo, com seus personagens e linguagens, sua principal referência. Em fins do século XIX, a cidade estrangeira que nela coabitava passa a editar folhas em sua língua natal, desenvolvendo uma vigorosa imprensa.
Marília Cánovas [4]

Nasce a imprensa imigrantista

De acordo com o estudo clássico do historiador Nelson Werneck Sodré sobre a história da imprensa no Brasil,[5] a passagem do século 19 para o século 20 foi o instante crucial da evolução do jornalismo nacional, uma vez que foi ali que ocorreu o desaparecimento do empreendimento jornalístico isolado, artesanal-familiar, que cedeu espaço à "grande imprensa", baseada em empresas jornalísticas, dotadas de maiores recursos técnicos e com visão empresarial do negócio. Do modelo anterior pouco restou: pequenas publicações locais, voltadas para públicos específicos, entre eles o jornalismo circunscrito aos imigrantes que chegavam em grandes levas, principalmente a São Paulo, que se transformou no grande centro das diversas formas de imprensa imigrante. Tal fenômeno logo se associou a dois outros derivados da posição ocupada pelo estado em virtude da expansão da lavoura cafeeira e da posterior industrialização e urbanização. Integrada ao complexo agroexportador cafeeiro como centro político, financeiro e mercantil, a capital dos paulistas assistiu a um intenso e vertiginoso crescimento de sua população e, com ela, do público leitor.

Com esse incremento, surgiram os mais diferentes jornais destinados aos imigrantes, nos quais se refletiam diferentes correntes ideológicas, filosóficas, políticas e religiosas. A eles se agregaram almanaques, revistas e livros, que muito contribuíram para a história da imprensa brasileira.

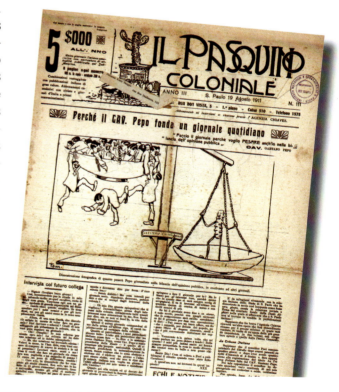

A presença do periodismo imigrantista, principalmente em língua italiana, podia ser observada nos inúmeros títulos presentes nas bancas de jornal paulistanas. La *Tribuna Italiana*, *Il Secolo*, *Avanti!*, e *Il Pasquino Coloniale* eram alguns títulos dos periódicos escritos em língua italiana que circulavam na cidade de São Paulo na passagem do século 19 para o século 20.
ACERVO ARQUIVO PÚBLICO DO ESTADO DE SÃO PAULO

---

[4] CÁNOVAS, Marília. *Imigrantes espanhóis na Paulicéia:* trabalho e sociabilidade urbana, 1890-1922. Tese (Doutorado) - FFLCH/USP, 2007. p. 32.
[5] SODRÉ, Nelson Werneck. *História da imprensa no Brasil*. Rio de Janeiro: Edições do Graal, 1977.

DIARIO ESPAÑOL

AÑO XXIII — S. Paulo (Brasil), Viernes, 17 de Febrero de 1922 — NÚMERO 4.622

Lo que ocurre en los cafetales

Atropello de las leyes y de los colonos

Español apaleado y expoliado que no encuentra justicia

Una página sangrienta

Al Sr. Cónsul general de España

En momentos en que la crisis de brazos que paraliza las labores agrícolas alcanza las proporciones de un cruel azote que paraliza la expansión de los cultivos y es causa de la disminución productiva del suelo y por consecuencia de la riqueza pública, y cuando los gobernantes brasileños hacen toda clase de esfuerzos para atraer al país los millares y millares de trabajadores que le faltan,—duélenos en el alma el tener que referir uno de tantos hechos como desbonan la colonización del Brasil y ponen en desairada situación á los organismos encargados de velar por el cumplimiento de las leyes, ocurrido en una hacienda del Estado de S. Paulo, de la región que, al decir de los entendidos, es la más culta de la Unión Brasileña.

Para nuestros lectores no será novedad tan desagradable suceso, porque, infelizmente, son bastante frecuentes los casos en que los propietarios de cafetales, además de no respetar los contratos de colonos, maltratan á los colonos, les apalean, les arrebatan el producto de su esfuerzo personal y los condenan á la desesperación y la miseria.

Y si eso no es novedad, ni concita, por ser tan común, una actitud de protesta, menos impresiona todavía el que las autoridades constituidas para salvaguardar el derecho, y los organismos encargados de vigilar el cumplimiento de los contratos de trabajo, no cumplan su sagrada misión, ó la interpreten á la inversa, defendiendo á los que pisotean las leyes, atropellan á los trabajadores y les secuestran sus bienes.

Porque es sabido que aquí las garantías son letra muerta cuando las invoca el humilde, el flaco, el explotado, contra la prepotencia, el egoismo y la brutalidad de hacendados insensibles á los sentimientos nobles del corazón, que, constituyendo su riqueza un privilegio para no reconocer la razón, ni otra ley que su conveniencia ó su capricho, se entregan á excesos deplorables, á verdaderos crímenes, contando de antemano con la impunidad que les dá no solamente su riqueza, sino su influencia política, pues todos los que así proceden en la vida encuentran la fuerza que necesitan para que las autoridades se curven y sancionen los ignominiosos atropellos que cometen.

Tantos llegaron á ser esos atropellos, que un Gobierno previsor ó compasivo, con objeto de disminuirlos, creó una especie de tribunal de conciliación á fin de dirimir las cuestiones entre los propietarios de la tierra y los que la labran, para el cual se nombró un director competentísimo y los abogados necesarios. Mas la autoridad con que nació á la vida, y las esperanzas que hizo concebir á los colonos, han desaparecido de tal modo, por el roce de los engranajes de la influencia política, que han desaparecido, dando lugar á que se sospeche que el Patronato Agrícola no se halla al servicio del derecho de los obreros, sino al de los hacendados que no proceden con la corrección debida.

De esas anomalías, que causarían admiración en cualquier otra parte del mundo, existen algunos ejemplares en el Brasil.

Cuando terminó la guerra europea y sobrevino de modo impetuoso la carestía de las habitaciones, algunos legisladores, bien intencionados sin duda, prepararon un proyecto de ley que pusiera coto á los arrebatos de voracidad de los caseros. Estuvo el proyecto en estudio muchos meses, se discutió otros tantos, y, cuando llegó á aprobarse por el Parlamento brasileño y fué sancionado por el Poder Ejecutivo, resultó que lo que se había hecho era una ley... á favor de los propietarios de las casas.

En sus resultados, es idéntico á lo ocurrido con el Patronato Agrícola. De su eficacia para el cumplimiento de la noble aspiración del legislador, puede dar testimonio una reclamación en la que nosotros hemos intervenido, personal y periodísticamente, pidiendo que se hiciera justicia á una familia de colonos españoles, cuyo jefe había sido maltratado físicamente, se le arrebataran sus bienes, no le pagaron los salarios devengados por él y sus hijos, y, en la miseria, fueron ignominiosamente arrojados del cafetal con que trabajaban.

En la reclamación que hacíamos intervino el Patronato Agrícola, siendo tan eficaz esa intervención, la y nuestra ante él... que pasó al archivo, para formar, en tiempos futuros, una bella página de la Historia de la Colonización en el Estado de S. Paulo.

Esa página, que está escrita con la sangre de un campesino español, vamos á reproducirla letra por letra, sin literatura ni una coma, antes de remitirla al Sr. Cónsul de España en esta capital, para que á su vez la traslade á quien corresponda, pues es conveniente que el público la conozca, como testimonio elocuente del premio que reciben los campesinos inmigrantes españoles en diversos cafetales del Brasil.

Dice así:

«Exmo. Señor Dr. José Eiras Gacía. El que suscribe tiene á bien dirigirse al Sr. Dr. para exponer el siguiente caso:

Que estando trabajando en la Fazenda del Salto propiedad de don Ignacio da Silveira Puch, la que es representada por don José Puch ocurrió el siguiente hecho; Estando mis hijos trabajando el día 22 de Diciembre último, y uno de mis hijos era aguador de una turma; y el fiscal de dicha turma empezó á repreenderlo por decir tardaba mucho con el agua y lo maltrató queriendo hasta pegarle; manifestándole que no ganaba nada; un hermano Carlos Otero dice «este para nada puesto que de días, que no ganas nada», y el fiscal contestó «tu también puedes irte, pues toda la familia estaban demás y podían marchar enseguida; pues tenía órdenes terminantes para despachar á todos; El día 22 por la noche fuí llamado por el Sr. Administrador de la Fazenda indicándome que me aproximase para marcharme de allí; respondiéndole me dejase acabar el año puesto que yo ya tenía mis plantaciones de maíz, arroz y feijão hechas, manifestándole que enseguida desocupase la fazenda, que desde allí me retiró á mi casa que se creía pues ascenderían á algunos contos de reís y yo era un padre de familia le supliqué para que me dejase y de lo contrario me entregase el jornal de mis hijos en la fazenda que ascendían á cuatrocientos y pico mil reís, diciendome que todo ese dinero iría de esmola para la Sta. Casa. Esta conversación ocurrió delante de Juan Bisato y Miguel Román.

Lo expuesto es lo ocurrido y solo pido al Dr. Advogado que me sea hecha justicia.

Dios g. á V. M. A. Sorocaba 14 de Febrero de 1922.

José Otero

Sorocaba 14 de Fevereiro 1922.

Ao rogo de José Otero por no saber leer ni escrever.

Remigio García Martin

Testimunhas:

Luiz Cardieri

Cecilio Bonafonte

Reconheço as firmas supra de Remigio Garcia Martin, Luiz Cardieri e Cecilio Bonafonte, dou fé.

Sorocaba, 14—Fevereiro—1922.

Em testemunho R. M. da verdade

Renato Mascarenhas

2.º Tabellião.

Como se vé, el documento lleva todas las garantías de veracidad que puedan exigirse, incluso los testimonios indispensables; las estampillas correspondientes y el sello del 2.º Tabellião de Sorocaba.

Por si algún requisito faltara, tenemos en nuestro poder el atestado del médico legista que formó el cuerpo del delito, es decir, de las heridas causadas á nuestro connacional, que también enviaremos al digno representante consular de España.

Al acudir á la alta autoridad española, nos nos guia el deseo de contribuir al desprestigio del sistema de colonización que se practica en este país, sino el de pedir su apoyo á favor de un connacional á quien ha recompensado su trabajo quitándole lo que era suyo y de su familia y castigándole fiera y salvajemente.

Sin más recomendación que su ventura, no ha encontrado el medio de alcanzar el reconocimiento de su derecho.

Por el decoro de España y por el crédito del Brasil, es necesario, es indispensable pues, que ese ser se indiano alcancen justicia.

Y dispuestos nos hallamos á recibirla, hasta que se obtenga cumplidamente.

Telegramas de España

Deben llegar brevemente á España los asesinos de Eduardo Dato, que ya han sido entregados á la policía francesa

MADRID.—Por informes que publican los periódicos, se sabe que las autoridades alemanas entregaron á las francesas, en la frontera, á los asesinos de Eduardo Dato, que á solicitud del Gobierno español fueron presos hace tiempo en Berlin y de los que se exigió extradición.

Van acompañados de policías españoles.

Accidente fatal de aviación—Mueren tres ingleses que efectuaban las pruebas de un aeroplano

MADRID.—El desarreglo del motor de un aeroplano de fabricación inglesa, comprado por el Gobierno, fué causa de que éste, mientras efectuaba pruebas en el aeródromo de Cuatro Vientos, cayera como masa inerte, y murieran las tres personas, de nacionalidad inglesa, que lo tripulaban.

Fracaso de una huelga general, que había sido causa de grandes disturbios y zozobras, y de sangre derramada

MADRID.—Desde el lunes último la vida comercial é industrial de Granada se encontraba paralizada, por haber proclamado las clases obreras la huelga general.

Los huelguistas obligaron á cerrar las tiendas, impidieron que se vendiera en los mercados, paralizaron el servicio de tranvías é de toda clase de trabajos é hicieron resistencia á las intimaciones de la fuerza pública.

Esta atacó á los huelguistas, los que respondieron á la agresión á tiros y pedradas, de lo que tuvo que quedaran heridas muchas personas.

El gobernador reconcentró fuerza de la guardia civil é hizo ocupar la

LOS MÁS BELLOS TERRENOS DE S. PAULO SON LOS DEL **ALTO DA LAPA** QUE LA COMPAÑÍA INMOBILIARIA PAULISTA ESTÁ VENDIENDO Á PRECIO MODICO, PLAZO LARGO Y PEQUEÑAS PRESTACIONES
RUA LIBERO BADARÓ, N. 63
("Sobre loja")

Moliendas Manuales N. 0 y 00

Propias para uso doméstico, así como para la venta de Garapa. Fabricamos dos tipos, siendo el n. 00 con cilindros, y el n. 0 con 3, para moler respectivamente 200 y 500 kilos por día. Pidan Catálogos y demás informes á

Martins Barros & Cia. Ltda.

Direc. telegráf. "PROGREDIOR" - Caja 6 - S. Paulo

Simiente de Cebollas

De Canarias, nueva, garantizada.— Recibida directamente del labrador.

kilo 23$000
10 ó más kilos 10 o|o de descuento

PEDIDOS Á **PERFECTO ARES**

Rua Libero Badaró, 31   Caixa Postal, 735   S. PAULO

1 Nasce a imprensa imigrantista

Nas décadas finais do século 19, a cidade de São Paulo conhece um intenso processo de desenvolvimento econômico e diversificação social. Sem dúvida, uma das atividades que melhor expressa o processo de metropolização de São Paulo e as múltiplas dimensões que a envolviam é o desenvolvimento da imprensa na cidade. Houve uma expansão do público leitor de periódicos, à medida que, simultaneamente ao crescimento da taxa de alfabetização dos habitantes de São Paulo, ocorria uma adequação da imprensa aos interesses e exigências dos novos leitores que surgiam na dinâmica sociedade paulista, seja pela reorganização editorial, gráfica e administrativa dos grandes jornais paulistanos, seja pelo aparecimento de uma infinidade de periódicos, comerciais ou não, ajustados às demandas sociais recentemente surgidas, entre eles, a imprensa imigrantista. Na imagem, trabalhadores búlgaros participam da construção do Viaduto do Chá.
ACERVO MEMORIAL DO IMIGRANTE

Procissão da comunidade de imigrantes húngaros na Colônia Arpád, (SP), 1944.
ACERVO MEMORIAL DO IMIGRANTE

Essas publicações eram, essencialmente, empreendimentos individuais, com estrutura empresarial artesanal e/ou familiar, em que o proprietário era uma espécie de *faz-tudo*, ou seja, era dono do negócio, colunista, repórter, redator, tipógrafo, contato comercial e, se necessário, gazeteiro. Porém, a necessidade de profissionalização cada vez maior, o aumento dos custos de impressão e a busca de novas formas de distribuição levaram ao desaparecimento de inúmeros títulos da imprensa imigrantista, fortalecendo os jornais ligados aos movimentos sociais, principalmente ao movimento operário. No entanto, pasquins e pequenos jornais sem conformação política ou ideológica continuaram a nascer e desaparecer, sobrevivendo aqueles que passaram a exercer não só o papel de veículos de informação, mas, também, adquiriram função socializadora do imigrante em solo brasileiro.

Desta forma, o nascimento desse tipo de imprensa, escrita em língua estrangeira e voltada para o público específico das comunidades imigrantes, exerceu, ao lado da fundação de associações, clubes e igrejas, o papel de preservador dos valores culturais e de inserção do imigrante no novo contexto social. Em breve, a imprensa imigrante transformou-se no veículo da palavra das comunidades.

Em todas as bancas

Para o imigrante, a imprensa era vista como um espaço possível de ser ocupado e construído por aqueles que possuíam, além do domínio da leitura e da escrita, a vontade de se fazer ouvir. A pluralidade das publicações de pequenas tiragens que circulavam na capital paulista nos primeiros anos do século 20 fazia eco às novas formas de sociabilidade e convívio que surgiam na cidade em meio à sua urbanização acelerada. Essa imprensa, portanto, atendia às necessidades de inserção e de autoafirmação dos recém-chegados à sociedade paulistana.

Ao atender a tais necessidades, a imprensa imigrantista crescia e tal crescimento podia ser observado pela significativa e diversificada quantidade de títulos editados na cidade entre o final do século 19 e primeiras décadas do 20. Inúmeros periódicos, como o *Fanfulla*, editado em italiano, o *Deutsche Zeitung*, semanário alemão, o *Diario Español*, o *Al-Faiáh*, primeiro jornal em língua árabe publicado no Brasil, e os japoneses *Shukan Nambei* e *Nippak Shimbun*, ocupavam espaço nas bancas lado a lado com os jornais da grande imprensa.

Folhear os periódicos imigrantistas representa mergulhar na trajetória histórica do imigrante no Brasil e compreender o processo pelo qual atravessou em sua adaptação e assimilação ao novo território que o recepcionava.
O jornal passa a ser a representação coletiva da identidade comunitária no espaço receptor.
ACERVO ARQUIVO PÚBLICO DO ESTADO DE SÃO PAULO

1 Nasce a imprensa imigrantista

Erscheint:
An allen Werktagen um die Mittagsstunde.

Abonnementspreis:
Monatlich 1$500.

Anzeigen: — Für die 1-spaltige Textzeile 200 rs. — Bei Wiederholungen Rabatt. — Besonderer Satz wird höher berechnet.

Abonnements und Anzeigen werden *nur gegen Vorauszahlung* angenommen.

Die Liste der Agenten befindet sich auf der 4. Seite des Blattes.

Deutsch-brasilianisches
TAGBLATT
Einzige täglich erscheinende deutsche Zeitung Brasiliens.
Mit einer wöchentlichen illustrirten Beilage.

Briefe, denen das Rückporto nicht beiliegt, können höchstens im Briefkasten berücksichtigt werden.

Redaction, Administration u. Expedition: Rua Florencio d'Abreu 57.

Caixa do Correio N. 123.

Telegramm-Adresse: "Tagblatt."

Sprechstunden des Redacteurs: Täglich von 9—11 Uhr vormittags.

Einsendungen werden gern entgegengenommen, doch behält sich die Redaction das Recht der Umarbeitung vor.

VI. Jahrg. | São Paulo, Sonnabend, den 24. Februar 1894 | **N. 1**

S. Paulo, 24. Februar 1894.

Am heutigen Tage tritt das „Deutsch-brasilianische Tagblatt" zum ersten Male vor das Lese-Publikum, dessen Gunst es sich durch redliches Wollen und rastloses Schaffen bald und dauernd zu erwerben hofft.

Aus der Verschmelzung der «Freien Presse» und des «Paulistaner Echo» entstanden, will es die Vorzüge beider Blätter vereinigen und den Deutschen, nicht nur S. Paulos, sondern ganz Brasiliens eine ihrer Zahl, gesellschaftlichen Stellung, ihrer Intelligenz und Gewerbefleisses würdige Pressvertretung geben.

Wer die Schwierigkeiten ermessen kann, die sich heute der Herausgabe eines Blattes entgegenthürmen, der wird einsehen, dass uns bei Gründung des „Deutsch-brasilianischen Tagblattes" nicht Speculationsgeist, wohl aber die Absicht leitet, kräftiger als bisher für das Gemeinwohl, für die Deutschen Brasiliens, für den zukunftsreichen Staat S. Paulo, für Freiheit und Recht, Fortschritt und Ordnung einzutreten.

Wenn wir zum Beginne den jetzigen anscheinend ungünstigen Zeitpunkt gewählt haben, so entspringt dies der Ueberlegung und dem Wunsche, nach Ueberwindung der ersten Anfangsschwierigkeiten, beim Eintritte normalerer Verhältnisse vollkommen gerüstet dazustehen und als Sprachrohr der öffentlichen Meinung der Deutsch-Brasilianer ihnen den ihnen zukommenden Einfluss auf die Entwicklung ihres neuen Vaterlandes zu sichern.

Das „Deutsch-brasilianische Tagblatt" wird daher jederzeit für die Einheit der Deutsch-Brasilianer [...] herrschenden Sehnsucht nach einer politischen und gesellschaftlichen Organisation Ausdruck verleihen.

Wenn die kleinlichen Streitigkeiten, die widerwärtigen persönlichen Verhetzungen, Verleumdungen und Verdächtigungen der Klatschbasen aufgehört haben; wenn die vorübergehenden Schichtungen der deutschen Gesellschaft einerseits ihr dünkelhaftes Protzenthum, andererseits ihr neidisches Misstrauen aufgegeben haben, dann können die Deutsch-Basilianer in Süd-Brasilien eine Stellung gewinnen, die allen Nationen Achtung einflösst und sie zur Berücksichtigung ihrer Wünsche bewegt.

Das „Deutsch-brasilianische Tagblatt" wird sich jederzeit unabhängig von den nationalen, auf Verwandtschafts- und Schwägerschafts-Verhältnisse gegründeten Parteien halten, gleich weit entfernt, eine Regierung anzuerkennen, deren Thaten es kritisch betrachtet, wie sich durch die Kritik in eine Schwärmerei für die Aufständischen drängen zu lassen, deren letzten Ziele nicht klar vorliegen.

Das „Deutsch-brasilianische Tagblatt" sieht sich jedoch durch die Kritik nicht veranlasst, Opposition um jeden Preis zu machen, Alles und Jedes zu negiren, sondern wird trachten durch positive Vorschläge seinem Staate und seinen Landsleuten zu nützen.

Bei Betrachtung der Weltvorgänge wird das „Deutsch-brasilianische Tagblatt" die modernste Stellung einnehmen, jederzeit für den weitmöglichsten socialen Fortschritt eintreten, und bei seinen Lesern ein klares Verständniss der grossen socialen Bewegung zu erwecken trachten, ohne jedoch die durch den Kapitalismus hervorgerufenen Bestrebungen der internationalen Socialdemokratie auf dem brasilianischen Boden zu züchten, auf dem vorderhand nur der Feudalismus gedeiht; wohl aber wird das „Deutsch-brasilianische Tagblatt" für sociale Schutzmassregeln eintreten, die verhindern sollen, dass die Verhältnisse hier so schlimm werden, wie in den kapitalistischen Ländern und bewirken, dass die nothwendigen gesellschaftlichen Fortschritte sich ruhiger, mit geringeren Opfern und wirkungsvoller vollziehen.

Das „Deutsch-brasilianische Tagblatt" wird sich bemühen, seinen Lesern einen vollkommenen Ersatz der portugiesisch geschriebenen Tageblätter zu bieten, indem es für brasilianische Verhältnisse und locale Ereignisse gleich vollständige [...] und im Auslande, sowie in den Südstaaten eine weit grössere Aufmerksamkeit widmen und insbesondere die telegraphischen Nachrichten rasch und vollständig bringen wird. Für ausserordentliche und besonders wichtige Ereignisse werden wir sogar mit Deutschland, Rio und den südbrasilianischen Staaten einen eigenen Depeschen-Dienst unterhalten.

Das „Deutsch-brasilianische Tagblatt" wird in einem wirthschaftlichen Theile den Curs, die Kaffee- und Lebensmittelpreise regelmässig und andere nützliche Mittheilungen abwechselnd bringen.

Für das Unterhaltungsbedürfniss unserer Leser und besonders unserer liebenswürdigen Leserinnen wird das „Deutsch-brasilianische Tagblatt" durch ein sorgfältig ausgewähltes, täglich erscheinendes Feuilleton und durch eine wöchentliche «Humoristische Beilage» sorgen. In Bezug auf letztere müssen wir um ein wenig Geduld bitten, bis die in Europa bestellten Exemplare mit der Post hier angekommen sind.

Gegenüber den grossen Mühen und Opfern, welche sich die Herausgeber aufgebürdet haben, erscheint der *Preis von monatlich 1$500* ausserordentlich billig berechnet, und geben wir uns daher der sicheren Hoffnung hin, dass das „Deutsch-brasilianische Tagblatt" nicht den Abonnentenkreis der beiden früheren Zeitungen erhalten, sondern bald noch stark vergrössern werde.

Wir machen noch auf unsere mässigen Insertionspreise aufmerksam, sowie auf die grosse Publikationskraft, welche das „Deutsch-brasilianische Tagblatt" besitzt und fordern zur kräftigsten Benützung unseres Anzeigentheiles auf.

Hoffen wir nach der einen Seite auf eine thatkräftige Unterstützung durch zahlreiche Abonnements und Inserate, so wollen wir auch dem Wunsche nach einer Mitarbeit unserer Leser und Freunde Ausdruck geben. In der Absicht, eine möglichst vollständige Chronik des Lebens der Deutsch-Brasilianer zu geben, fordern wir alle unsere Freunde zur Correspondenz auf und werden jede Mitarbeit dankbar entgegennehmen und veröffentlichen, die nicht persönliche Angriffe enthält oder geeignet erscheint, Zwiespalt in der deutschen Colonie eines Ortes hervorzurufen. Der Mühe einer kleinen, etwa nothwendig erscheinenden Umarbeitung werden wir uns gern unterziehen.

[...] gehend, senden wir unseren Landsleuten die herzlichsten Grüsse und hoffen, dass mit ihrer Hilfe unsere schwere Aufgabe uns schön gelingen werde.

Ausland.
Deutsches Reich.

— In Berlin kam es nach einer Arbeitslosenversammlung, die ruhig verlaufen war, auf der Strasse zu heftigen Zusammenstössen zwischen der Polizei und Arbeitslosen. Eine Anzahl derselben hatte bereits um 10 Uhr versucht, in den Saal zu gelangen, wurde aber von der Polizei zurückgewiesen. Verstärkt durch Besucher der Versammlung wollten sie nun am Königsthor

---

Feuilleton.

Wie ich mich um den Gouverneursposten bewarb.
Von *Mark Twain.*

Vor einigen Monaten wurde ich von der Partei der Unabhängigen als Kandidat für den Gouverneursposten im grossen Staate New-York aufgestellt; meine Gegenkandidaten waren Herr John T. Smith und Herr Blank J. Blank.

Ich fühlte, daß ich gewissermaßen einen erheblichen Vortheil vor diesen Herren voraus hatte, und der bestand — in einem guten Rufe. Man konnte leicht aus den Tagesblättern sehen, daß, wenn sie je erfahren hatten, was es heißt, einen guten Namen zu haben, diese Zeit für sie vorbei war. Es war klar, daß sie in den letzten Jahren mit allen Arten schamloser Verbrechen Bekanntschaft gemacht hatten. Aber im selben Augenblick, als ich mich meines Vortheils wegen beglückwünschte und mich insgeheim darüber freute, durchfluthete eine trübe Strömung von Unbehagen die Tiefen meines Glückes, die daher kam, daß ich hören mußte, wie mein Name in enger Verbindung mit denen solcher Leute hin- und hergezerrt wurde. Das beunruhigte mich mehr und mehr. Schließlich [...] du dich schämen müßtest — nicht das mindeste. Sieh die Zeitungen an — sieh sie an und lerne verstehen, welche Sorte Menschen die Herren Smith und Blank sind, und sieh dann zu, ob du noch willens bist, dich zu ihrem Standpunkt zu erniedrigen, dadurch, daß du in öffentlichen Wettstreit mit ihnen trittst.

Das war mein innerster Gedanke! Ich schlief in jener Nacht nicht ein einziges Augenblick. Aber trotzdem konnte ich nicht zurücktreten. Ich war in aller Form aufgestellt und mußte im Kampfe ausdauern. Als ich beim Frühstück gedankenlos in die Zeitung gudte, fiel mir folgender Passus auf, und ich kann wirklich behaupten, daß ich noch nie vorher so verblüfft war.

„Meineid. — Vielleicht wird sich Herr Mark Twain jetzt, wo er sich dem Publikum als Kandidat für den Gouverneursposten vorstellt, herablassen zu erklären, wie es kam, daß er in Wakawak in Kochinchina im Jahre 1863 von vierunddreißig Zeugen des Meineids überführt wurde, den er zu dem Zwecke schwur, eine arme Wittwe, eine Eingeborne, und ihre hilflosen Kleinen einer magern Bananenanpflanzung zu berauben, die ihr einziger Stab und Stütze in ihrer Armuth und Trostlosigkeit war. Herr Twain schuldet es sich selbst sowohl als dem großen Volke, um dessen Stimme er bittet, die Sache aufzuklären. Wird [...] einem Känguruh unterscheiden? Ich wußte mir keinen Rath und war ganz von Sinnen und hilflos. Ich ließ den Tag vorübergehen, ohne irgend etwas zu thun. Am nächsten Morgen brachte dieselbe Zeitung folgendes weiter nichts:

„Bedeutungsvoll. — Man möge beachten, daß Herr Twain wegen des Meineids in Kochinchina schweigt — was will er sagen will."

(Anmerkung. — Während des ganzen Wahlkampfes sprach die besagte Zeitung von mir nie anders als von „dem schändlichen meineidigen Twain.")

Dann kam die „Gazette" mit folgendem: „Zu erfahren gewünscht. — Wird der neue Kandidat für den Gouverneursposten gewissen seiner Mitbürger (welche leiden müssen, weil sie für ihn stimmen!) wohl gütigst den kleinen Umstand erklären, daß seine Hausgenossen in Montana von Zeit zu Zeit Werthsachen verloren, die sich schließlich immer wieder befanden, entweder in Herrn Twain's Koffer oder in dem „Koffer" (es war dies eine Zeitung, in welcher er zur Sachen einwickelte) diese Dinge unabänderlich gefunden wurden, zu seinem eignen Besten eine freundschaftliche Warnung zukommen zu lassen, wonach ihn mit Teer bestrichen, in Federn rollten und auf einem Zaune reiten ließen, und ihm dann den guten Rath gaben, eine ewige Lücke an der Stelle zu lassen, die er im Lager einzunehmen pflegte? Will er das thun?"

Informar o imigrante também era fator primordial da política imigratória oficial. Em 1908, foi impresso e editado o periódico *O Immigrante*, cuja publicação era promovida pela Secretaria da Agricultura de São Paulo. Impresso nos idiomas português, alemão, russo, francês e italiano, era distribuído nos principais centros agrícolas de São Paulo.
ACERVO MEMORIAL DO IMIGRANTE

capítulo 2

Ao manusear o jornal de sua comunidade, o leitor manejava seletivamente suas lembranças, construindo ou fortalecendo sua identidade política, étnica ou religiosa.
Maria Luiza Tucci Carneiro [6]

A palavra das comunidades

Desvencilhando-se dos pasquins e pequenos jornais ou da imprensa social, nas primeiras décadas do século 20, a imprensa imigrantista consolida-se no seio das colônias já estabelecidas e em franca expansão em São Paulo. Ao lado da melhoria da qualidade editorial, percebe-se que a vocação dos periódicos destinados aos imigrantes passa a ser a preservação da língua e dos valores culturais da terra de origem. Notícias da terra natal ganham maior destaque que as dos núcleos coloniais, e o jornal colonial passa a ser o fio condutor do *espírito vivo da nacionalidade*, transformando-se no porta-voz do amor à pátria por seus filhos distantes.

Além da função de revivificador das raízes deixadas no além-mar, o jornal dos imigrantes incorporava outras, como as de órgão assistencialista, de formação moral, de divulgador cultural, de fórum de debates e de denúncia e repúdio à exploração do trabalho a que muitos imigrantes estavam sujeitos nas fazendas espalhadas pelo interior.

Escritos na língua de origem e com perenidade irregular, a trajetória da imprensa imigrante, desde o seu nascimento, esteve ligada às necessidades de identificação social, busca de informações e inserção social do grupo ao qual se destinava. O uso da língua materna permitia atingir maior número

Sociedade de Beneficência Espanhola em São Paulo, década de 1930.
ACERVO MEMORIAL DO IMIGRANTE

de leitores ainda não familiarizados à língua portuguesa e era instrumento de aprendizado da língua materna, além de preservar e transmitir os valores culturais de cada povo. Além disso, o desconhecimento da língua falada no território brasileiro e o isolamento de muitas comunidades contribuíram para os jornais serem escritos em língua estrangeira e, em muitos casos, serem o único meio de se obter informações sobre a terra de origem.[7]

Frequentemente, incluindo informações tiradas de jornais brasileiros, que não che-

---

[6] CARNEIRO, Maria Luiza Tucci, KOSSOY, Boris (Orgs.). *A Imprensa confiscada pelo Deops* (1924 – 1954). São Paulo: Ateliê Editorial/Imprensa Oficial/Arquivo do Estado de São Paulo, 2003. p.57.
[7] ESCUDERO, Camila. *Imprensa de comunidades imigrantes de São Paulo e identidades*: estudo dos jornais ibéricos *Mundo Lusíada e Alborada*. São Bernardo do Campo: Umesp, 2007. pp 103-104.

Imigrantes portugueses no trabalho de entrega de pães em São Paulo (SP), década de 1950.
ACERVO MEMORIAL DO IMIGRANTE

gavam ao interior, essas folhas em língua estrangeira abriam uma janela para a vida da maioria que, de outro modo, não estaria acessível. "Os jornais, além disso, ofereciam espaço para formas culturais específicas da vida dos imigrantes no Brasil ao trazerem em suas edições um número igual de páginas dedicadas à poesia e ao noticiário."[8] Por tudo isso, durante décadas, o "jornal da colônia" foi a leitura predileta e essencial das comunidades imigrantes.

Lutando pela sobrevivência

Desde o seu primórdio, a imprensa imigrante, além do conteúdo jornalístico, trazia anúncios publicitários. Além de tornarem as publicações mais atrativas, os anúncios reforçavam a integração do imigrante ao país receptor; além de sustentar financeiramente as publicações, viabilizando sua publicação e circulação. Para esse jornalismo, os anúncios publicitários eram o oxigênio da sua existência e sobrevivência.

Apesar de em seu nascimento os jornais imigrantes não objetivarem o lucro, sua sobrevivência só foi possível devido ao desenvolvimento de sua parte comercial e a proliferação de anúncios de produtos consumidos ou não pela colônia.

Os anúncios de ofertas de emprego, moradias e serviços oferecidos por profissionais imigrantes, ao lado de serviços religiosos, de profissionais médicos, farmácias e remédios, ocupavam boa parte dos espaços reservados aos anúncios das publicações. Vendas avulsas, assinaturas, financiamento de entidades e associações e a inserção de anúncios, além de eventuais publicações de matérias pagas, formavam a base do financiamento da imprensa imigrante.

Pelos núcleos coloniais

A imprensa imigrante apresentava uma gama de características físicas e diversidade de público. Inicialmente, de caráter rudimentar e artesanal, evoluiu, com o passar do

2 A palavra das comunidades

tempo, para técnicas mais apuradas de impressão, à medida que determinados títulos se consolidavam junto ao público leitor e se refletiam na própria prosperidade da colônia.

Outra característica dessa imprensa era a variação na sua periodicidade e tempo de circulação. Do mesmo modo que há registros de números únicos de impressos em língua estrangeira, há publicações em São Paulo de vidas muito longas, que perduram até a atualidade. A perenidade ou não de uma publicação destinada ao público imigrante sempre esteve ligada a diversos fatores, entre eles a participação e o interesse dos leitores, o conteúdo atrativo, os serviços que oferecia e os anúncios ali publicados, envolvendo, ainda, outras concessões.

A primeira concessão feita por um editor de publicações voltadas para o público imigrante está na linguagem utilizada. Em geral, devido às características culturais e intelectuais do público leitor, o editor utilizava linguagem de caráter popular, evitando a erudição. Só mais tarde, já com as comunidades consolidadas e em franca ascensão e prosperidade, a imprensa imigrante caminhou para o aparecimento de publicações com linguagem mais erudita, politizada e, até mesmo, intelectualizada. Apesar de muitos jornais serem feitos por pessoas não ligadas ao jornalismo, muitas publicações possuíam/possuem uma estrutura relativamente avançada, com editorias e seções diversas. Ao mesmo tempo, essas editorias podiam ser fixas ou esporádicas, de periodicidade irregular, publicadas quando havia assunto referente aos seus temas.

Esse jornalismo destinado ao público imigrante era produzido principalmente na capital e circulava pelo interior do Estado, através da extensa rede ferroviária criada para atender às necessidades da economia cafeeira, alcançando núcleos coloniais e ci-

Convencer os comerciantes, prestadores de serviços e fabricantes da colônia a contribuir financeiramente através da inserção de anúncios era fundamental para a sobrevivência dos jornais da imprensa imigrante de São Paulo.
ACERVO MEMORIAL DO IMIGRANTE

---

[8] LESSER, Jeffrey. *A negociação da identidade nacional*: imigrantes, minorias e a luta pela etnicidade no Brasil. São Paulo: Editora Unesp, 2001

Anúncios de tipografias e gráficas alemãs em São Paulo – início do século 20.
ACERVO INSTITUTO MARTIUS-STADEN

As tipografias foram de grande importância para o desenvolvimento da imprensa imigrante. Os irmãos Alfried, Otto e Walter Weiszflog, em sua gráfica, imprimiam os exemplares do periódico *O Immigrante*, da Secretaria da Agricultura do Estado de São Paulo.
ACERVO INSTITUTO MARTIUS-STADEN

2 A palavra das comunidades

Família de imigrantes portugueses no Núcleo Colonial Nova Veneza (SP), 1920.
ACERVO MEMORIAL DO IMIGRANTE

dades longínquas. As ferrovias e o telégrafo, por sua vez, possibilitavam que notícias do interior chegassem com constância à capital e fossem incorporadas às publicações periódicas. Essa eficaz rede de comunicações, que se completava com os jornais locais, permitia à imprensa paulistana atuar decisivamente para que o espaço geográfico, socioeconômico e cultural paulista fosse percebido e se articulasse de forma regional. Nas cidades do interior do Estado, os diferentes segmentos sociais compartilhavam, em relação ao periodismo, o mesmo sentimento de entusiasmo da cidade de São Paulo e o processo de produção e consumo de jornais e revistas também se repetia por lá, mesmo que em dimensões infinitamente menores. Os periódicos em língua estrangeira distribuídos em locais longínquos constituíam muitas vezes o único meio de conhecimento e de contato com o mundo circundante do qual dispunham os colonos, fossem eles imigrantes ou brasileiros.

A eficiência do circuito de informações entre a capital e o interior tinha como suporte conversas informais, cartas e telegramas, e, muitas vezes, a simples conversa de balcão em um estabelecimento comercial. Em muitas casas de comércio, os comerciantes locais eram responsáveis pelo recebimento de anúncios e pelas assinaturas do jornal. "Tendo em vista a natureza dispersa do povoamento agrícola e a precariedade dos contatos, não era raro que os comerciantes das pequenas aldeias do interior de São Paulo servissem de centros de comunicação para os membros da comunidade dos imigrantes."[9] Essas pessoas serviam também como fontes de informações sobre as condições de trabalho no local e até de protestos. As notícias sobre greves em fazendas, ou abusos contra os imigrantes, vinham amiúde desses contatos.[10]

Outro meio de se obter informação sobre o país de origem a ser publicada nos jornais eram as cartas trocadas entre os imigrantes com parentes e amigos que ficaram na terra natal e que acabavam sendo publicadas nos impressos da respectiva colônia.

Publicados na capital paulistana, os jornais circulavam tendo como público-leitor as comunidades imigrantistas radicadas nos bairros operários de São Paulo ou no interior do Estado. "Estes grupos estrangeiros formavam uma cadeia de leitores ávidos por notícias que lhes dessem esperanças de uma vida melhor. Ao manusear o jornal de sua comunidade, o leitor manejava seletivamente suas lembranças, construindo ou fortalecendo sua identidade política, étnica ou religiosa e os jornais acabavam por se transformar em importantes "agentes de informação e socialização."[11]

Assim, a imprensa de imigrantes foi resultado de uma aglutinação consciente que gerou a necessidade de canais próprios para expressão dos seus sentimentos. Essas ações teriam por objetivo afirmar uma cultura imigrante e, ao mesmo tempo, analisar como essas ações serviram para a integração dos estrangeiros com a sociedade receptora sem que o grupo perdesse seus valores étnicos.[12]

A função socializadora

Desde seus primórdios, o jornal detém uma forte função socializadora e, com a folha impressa, foi possível ao imigrante entrar em contato com o conjunto de normas, comportamentos, ideias e valores da sociedade receptora. Não sendo exterior à sociedade circundante, a imprensa imigrantista logo se transformou no espelho dos acontecimentos sociais e de seus membros.[13]

Independentemente de sua estrutura física, periodicidade, regularidade entre ou-

---

[9] CÁNOVAS, op. cit., p. 32.
[10] KLEIN, Herbert. *A imigração espanhola no Brasil*. São Paulo: Sumaré/Fapesp/Idesp, 1994.
[11] TUCCI & KOSSOY, op. cit., p. 57.
[12] MELO, José Marques de. *Teoria do jornalismo: identidades brasileiras*. São Paulo: Paulus, 2006.
[13] ESCUDERO, op. cit. p. 104.

2 A palavra das comunidades

No parque gráfico brasileiro, a presença estrangeira foi determinante em sua formação e em seu crescimento, primeiro como nicho de profissionais atuando para um pequeno grupo de leitores brasileiros e, num segundo momento, com a crescente chegada de imigrantes, voltando-se para o mercado das publicações jornalísticas e noticiosas no país, passando a atender à demanda de cada grupo. Em São Paulo, de cerca de 20 tipografias na década de1850, chega-se a um número de 290 nos últimos dez anos do século 19, em clara demonstração da expansão do mercado gráfico associado à chegada das levas de imigrantes.
ACERVO INSTITUTO MARTIUS-STADEN

tros itens, a produção jornalística dos imigrantes atingia o público como instrumento de informação, conscientização e integração na vida brasileira. Ela cresceu e se diversificou à medida que novas levas de imigrantes aportavam em terras paulistas, propondo-se a mantê-los sempre ligados entre si, reconhecendo-se como pertencentes a uma coletividade, com vínculos culturais e de parentesco com a antiga pátria.

No país receptor, a imprensa imigrantista adquire função relevante no fortalecimento dos laços de amizade, familiaridade e união dos envolvidos, bem como na celebração de suas origens. Era nas páginas desses jornais, muitas vezes saudosistas, que a identidade comum entre os imigrantes aflorava, alimentando, não só pelo seu conteúdo, mas também pelo idioma, um sentimento de pertencimento e reconhecimento para com o grupo.

Mais do que uma questão de tamanho ou de alcance, os jornais de imigrantes uniam os membros da coletividade, oferecendo-lhes espaço e integração no lugar que escolheram como segunda pátria. "A imprensa estimulou, orientou, criticou e às vezes até atrapalhou os atalhos da vida cultural do imigrante, isto é, em relação aos *hobbies*, lazeres, literatura, ideologia, religião, esporte, belas-artes e ao mundo artístico de atores, cantores e bailarinos de modo geral, possibilitando-nos trilhar a evolução da nossa atividade cultural através da imprensa. Os jornais colaboraram decisivamente nos esportes, na literatura, em movimentos corporativistas, realizaram a comunicação espiritual entre os membros da colônia, às vezes serviam até de ponta de lança de brigas, mas o seu papel social e cultural foi grande."[14]

Criada pela e para a comunidade imigrante, a imprensa de colônia ou de língua estrangeira, entre outros termos, é, indiscutivelmente, um fenômeno singular e seu estudo contribui para o resgate de sua memória, feitos, atividades, preocupações e opiniões.

[14] HANDA, Tomoo. *O imigrante japonês:* história de sua vida no Brasil. São Paulo: T. A. Queiroz, 1987. p. 606

Greve Geral de 1917, em São Paulo (SP).
ACERVO MEMORIAL DO IMIGRANTE

O *Alba Rossa*, um dos primeiros jornais de orientação anarquista de São Paulo. Escrito em italiano, difundia a luta operária e a ideologia libertária no seio da classe operária.
ACERVO CEDEM-UNESP.

capítulo 3

*Há sempre entre o povo uma parcela de ingênuos dispostos a engolir
as pílulas amargas, mas bem douradas, que os jornais da burguesia
malevolamente lhe impingem. Por isso é preciso que estejamos alerta
na barricada, para analisar, documentar, destruir as balelas que os
nossos inimigos, que são os inimigos do povo, forjam contra nós.*

A Plebe, 19/7/1919

Em língua estrangeira, escreve-se a história do movimento operário brasileiro

Os jornais, por suas características, tornaram-se o veículo primordial na circulação das ideologias em conflito no período pós-Revolução Industrial[15] e constituíram importante instrumento de divulgação das lutas e das ideologias revolucionárias do movimento operário em meados do século 19.

No Brasil, o movimento operário e o nascimento da imprensa social estão irmanados ao processo da grande imigração ocorrida a partir da segunda metade do século 19, que não só forneceu mão de obra em substituição ao braço escravo para os cafezais do interior como impactou a nascente indústria da capital ao trazer na bagagem de muitos imigrantes o ideário proletário representado pelas ideias socialistas e anarquistas. Imbuído de uma forte consciência social e experiência de luta, o trabalhador imigrante trouxe para o centro do debate político as mais diversas correntes ideológicas e foi decisivo no surgimento das organizações operárias e no nascimento de uma imprensa social combativa, aglutinadora das grandes lutas sociais do período.

Em um momento em que as indústrias paulistas expandiam e incorporavam um significativo contingente de mão de obra imigrante, a imprensa operária, notadamente a de língua estrangeira, destaca-se por sua função articuladora e aglutinadora,[16] contribuindo para fortalecer e difundir a ideologia revolucionária entre o proletariado, além de fornecer informações sobre a sociedade da época, a imigração, as condições de vida e de trabalho do proletariado, suas manifestações culturais, anseios e angústias.

Nessas publicações, também, divulgavam-se as realizações e façanhas do movimento operário internacional e a palavra impressa exercia um papel fundamental no processo de difusão e proliferação das ações e resoluções do movimento. Era ela, a imprensa, um importante instrumento simbólico para os trabalhadores, visto que através de suas páginas "se produzia também todo um campo de representações do trabalho que se contrapunha às imagens veiculadas pelos setores dominantes da sociedade."[17] Além de divulgar ideias e manter o militante informado, os jornais demonstram que a luta contra a exploração não se dava somente nas greves, nas ruas ou nas fábricas,

---

[15] PENA, Lincoln de Abreu. Jornalismo político: viagem pelo movimento operário dos séculos 19 e 20.
In: *Imprensa e política no Brasil:* a militância jornalística do proletariado. Rio de janeiro, Ed. E-papers, 2007.
[16] HARDMAN, Francisco Foot. *Nem pátria nem patrão:* vida operária e cultura anarquista no Brasil.
São Paulo: Brasiliense, 1983. p. 311.
[17] DECCA, Maria Auxiliadora Guzzo. *A vida fora das fábricas.* Rio de Janeiro: Paz e Terra, 1987. p. 105.

Operários de origem italiana na Fábrica Sol Levante. São Paulo (SP), 1920.
ACERVO MEMORIAL DO IMIGRANTE

Redação do jornal *Avanti!*, fundado em 1900. Vendido nas bancas, logo o periódico socialista transformou-se num dos principais veículos escritos em língua italiana. Antonio Piccarolo era um dos diretores do periódico, publicado em São Paulo, entre 1900 e 1919.
ACERVO MEMORIAL DO IMIGRANTE

mas também pela palavra nas páginas impressas da imprensa operária.

Instrumento de luta e consciência

Vitimado pela falta de recursos financeiros, irregulares quanto à periodicidade ou ao tamanho da edição, o jornal era o principal disseminador do ideal de emancipação social e também o propagador dos meios de ação dos trabalhadores, fossem greves, boicotes ou atos de protesto. Na realidade, a escassez de recursos fi-

As metas do Partido Socialista Brasileiro eram divulgadas no jornal *Avanti!*, fundado em 1900 e publicado em língua italiana. O *Avanti!* foi um marco no surgimento do movimento socialista em São Paulo, que atribuía papel relevante às atividades jornalísticas, espaço onde se davam as discussões políticas acerca da democracia, do socialismo e de combate ao domínio oligárquico do poder.

3 A história do movimento operário brasileiro

nanceiros não permitiu, muitas vezes, que as publicações alcançassem mesmo o segundo ou o terceiro número. Em outras vezes, tais recursos, reunidos por meio de coletas entre os próprios operários, eram suficientes apenas para se fazer edições pontuais.

Muitos periódicos nasceram graças à iniciativa de grupos de editores militantes e sem fins lucrativos ou pela ação de pessoas que compensavam a falta de fundos e de experiência administrativa com coragem e entusiasmo. Os editores e militantes se cotizavam para colocar em circulação os jornais que introduziam entre os operários assuntos esclarecedores sobre a questão social, assim como as vitórias e perseguições que a classe trabalhadora sofria dentro e fora do território nacional.[18]

Exemplo dessa situação foram os jornais anarquistas, pois desapareciam ou paravam a publicação por um tempo e depois retornavam com outro título. Essa irregularidade de publicação pode ser explicada especialmente pelos problemas financeiros, pois não existia quase publicidade e, quando aconteciam casos raros dela nos jornais operários, vinha acompanhada por recomendações do próprio jornal quanto à utilização do produto. Outras vezes, os jornais sugeriam boicotes a determinadas mercadorias.[19] As perseguições aos redatores e colaboradores dos jornais, os empastelamentos e as dificuldades financeiras fizeram com que os periódicos muitas vezes saíssem de circulação por determinados períodos de tempo, retornando posteriormente com o mesmo ou outro nome.

Em língua estrangeira, o chamado para a luta

A importância dos imigrantes italianos, portugueses, espanhóis e alemães nas primeiras tentativas de organização das lutas operárias no Brasil é inegável e sua presença na imprensa social do período irrefutável. Sendo a esmagadora maioria da liderança do operariado que se formava, os estrangeiros trouxeram com eles a experiência política de seus países de origem e foram os responsáveis em especial pela criação da imprensa operária, pela alteração na estrutura social brasileira e, também, por mudanças de valores e atitudes ante a relação empregador/trabalhador.

Os militantes europeus – em sua maioria anarquistas – aqui encontram terreno fértil para a propagação de suas ideias libertárias e, em pouco tempo, fundam as ligas ou uniões de trabalhadores. Essa participação influiu ou refletiu na imprensa imigrante da época, conduzida por pessoas que viveram em diferentes países e que trouxeram para cá suas ideias e experiências através de livros, revistas e folhetos, decisivos para a formação de uma consciência social em largos setores do operariado e trabalhadores

Congregando pessoas para os trabalhos de redação, impressão e distribuição, estabelecendo diálogo com os leitores e dando-lhes expressão e forma, suscitando debates que se ampliavam e se aprofundavam, a imprensa operária desempenha crucial função mobilizadora e organizadora das massas proletárias, orientando e impulsionando o movimento operário brasileiro.
ACERVO CEDEM-UNESP

---

[18] FERREIRA, Maria Nazareth. *A imprensa operária no Brasil:* 1880-1920. Petrópolis: Vozes, 1978. p. 52/53.
[19] ALVIM, Zuleika M. F. *Brava gente!*: Os italianos em São Paulo (1870-1920). São Paulo: Brasiliense, 1986. p. 410-411.

Além da fundação de publicações em língua estrangeira voltadas à causa dos operários, entre as quais podemos citar os italianos *La Battaglia, Avanti!, Anima & Vita, Il Pingolo*, os espanhóis *Terra Libre* e *Grito dèl Pueblo*, e o português *Amigo do Povo* —, os imigrantes utilizaram-se da imprensa como objeto de mobilização e elemento de interação política com a sociedade receptora, porém, sempre sujeitos às invasões de redações e apreensões de inúmeros jornais.
O *Amigo do Povo* foi o primeiro jornal anarquista em São Paulo, escrito em língua portuguesa, a ter uma publicação regular. Durante seus três anos de existência (1902-1904), o grupo formado por Neno Vasco, um dos mais destacados jornalistas da imprensa anarquista, Benjamim Mota, Oreste Ristori, Giulio Sorelli, Tobia Boni, Angelo Bandoni, Gigi Damiani, entre outros colaboradores, conseguiu publicar 63 números do jornal.
ACERVO CEDEM-UNESP

urbanos. A imprensa operária noticiando as lutas, propagando as reivindicações, divulgando os resultados, popularizando as estratégias, informando sobre o movimento operário internacional, permitia aos trabalhadores brasileiros criarem uma visão coletiva de sua luta.

Vários jornais operários foram fundados com intuito de estimular a resistência nos locais de trabalho, fazendo denúncias de exploração e registros dos avanços e recuos na luta diária. Alguns desses periódicos tornaram-se mais conhecidos e perduraram por mais tempo, outros não, mas todos refletiram o mesmo sonho: mudar a vida, transformando o universo do trabalho humilhante e embrutecido em um mundo melhor.

Geralmente em formato tabloide, com quatro páginas, suas redações recebiam farto material sobre o movimento operário, relatórios de sindicatos, denúncias contra maus patrões, etc. Nos momentos de crise, ou nos períodos anteriores às greves, os jornais transmitiam a palavra de ordem aos trabalhadores e a orientação a ser seguida pelas bases operárias.

A condição de opressão da mulher em geral também foi tema da imprensa anarquista, onde atuaram jornalistas, escritoras e educadoras em defesa da causa feminina. No início do século 20, por exemplo, Ernestina Lesina, anarquista dedicada à defesa das mulheres operárias, fundou o jornal operário *Anima & Vita*, em São

3 A história do movimento operário brasileiro

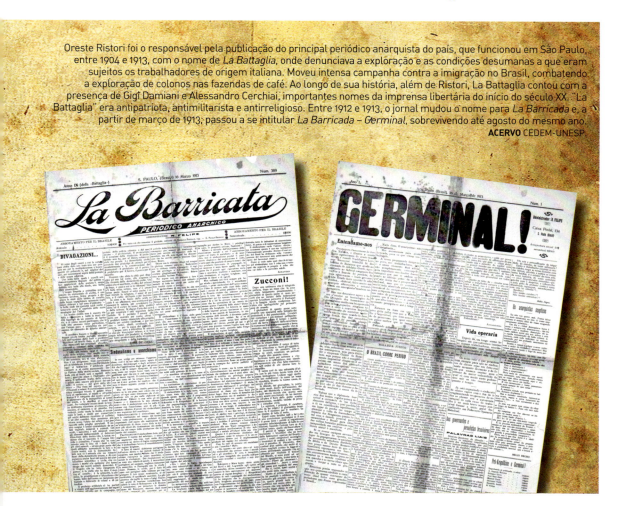

Oreste Ristori foi o responsável pela publicação do principal periódico anarquista do país, que funcionou em São Paulo, entre 1904 e 1913, com o nome de *La Battaglia*, onde denunciava a exploração e as condições desumanas a que eram sujeitos os trabalhadores de origem italiana. Moveu intensa campanha contra a imigração no Brasil, combatendo a exploração de colonos nas fazendas de café. Ao longo de sua história, além de Ristori, La Battaglia contou com a presença de Gigi Damiani e Alessandro Cerchiai, importantes nomes da imprensa libertária do início do século XX. "La Battaglia" era antipatriota, antimilitarista e antirreligioso. Entre 1912 e 1913, o jornal mudou o nome para *La Barricada* e, a partir de março de 1913, passou a se intitular *La Barricada – Germinal*, sobrevivendo até agosto do mesmo ano.
ACERVO CEDEM-UNESP.

Paulo, onde defendia a emancipação das mulheres e da classe operária.

Aparecendo aqui e ali, num fluxo contínuo e ininterrupto, as publicações operárias marcaram a história do jornalismo brasileiro na virada do século e seus responsáveis, que lideraram o movimento operário paulista, foram verdadeiros agentes da comunicação e fundamentais para organizar os trabalhadores na luta. Se a perda da influência política do anarquismo, após o movimento grevista de 1917, a repressão praticada pelo Estado e as transformações na sociedade brasileira na década de 1920 cooperaram para o declínio da imprensa operária militante, é importante assinalar que, a partir de 1866, não houve um só ano em que ao menos duas publicações não fossem lançadas pela classe operária brasileira,[20] clara demonstração da força da palavra impressa.

[20] ALVIM, op. cit., p.140 p. 410

Imigrante português com o então presidente da República, Getúlio Vargas, em São Paulo (SP), década de 1950.
ACERVO MEMORIAL DO IMIGRANTE

capítulo 4

A publicação de livros, jornais e panfletos em língua estrangeira necessitará de registro prévio e autorização da Secretaria da Justiça.
Artigo 87, do Decreto federal n.º 406, de 4 de maio de 1938

Brasil: a imprensa que nasceu sob censura

A nau Medusa, embarcação da frota que trouxe a Família Real para o Brasil, desembarcou no Rio de Janeiro os equipamentos necessários à instalação da Imprensa Régia. Marco histórico de nossa imprensa, ao decreto que fundou a imprensa brasileira seguiu-se outro, datado de 27 de setembro de 1808, que transformou o Desembargo do Paço em órgão censor no Brasil, conhecido por Junta Censória da Coroa. A imprensa no Brasil nascia sob a censura.

Em 2 de março de 1821, alguns anos após a instalação da Imprensa Régia e da Junta Censória da Coroa, o governo do Rio de Janeiro abolia, aparentemente, o decreto joanino que estabelecia a censura prévia dos escritos. Porém, novas medidas e decretos sobre a liberdade de imprensa culminaram na regulamentação da liberdade de imprensa no Brasil em 1830, quando foi incorporada ao Código Criminal, permanecendo até 1890. Com a instalação do governo republicano, em 1889, o manto da censura à imprensa reaparece e a caneta censora do legislador recai, fundamentalmente, sobre a imprensa operária e seu grande marco será a aprovação da Lei Adolfo Gordo, em 1907.

Vistos como "perigosos subversivos alienígenas", cuja imprensa atiçava a luta social e solapava os alicerces da nação, os líderes operários passam a ser o alvo preferencial do famigerado Decreto nº 1.641, de 7 de janeiro de 1907, conhecido como Lei Adolfo Gordo, que regularizava a expulsão dos estrangeiros "*indesejáveis*", leia-se, lideranças, intelectuais e militantes do movimento operário. A partir daí, o Estado passa a policiar as atividades dos estrangeiros em território nacional e tenta inibir, principalmente, a imprensa operária em língua estrangeira, pressionando editores, jornalistas e tipógrafos envolvidos com esse tipo de pu-

L'Asino Umano (1894), um dos jornais anarquistas do final do século 19 que sofreu perseguições da polícia. Ao lado dele, outros títulos, como *Gli Chiavi Bianchi* (1892), *L'Operário* (1898); *La Birichino* (1896); *L'Azione Anarchica* (1900); *O Libertário* (1898) e *A Lanterna* (1901) foram perseguidos.
ACERVO CEDEM-UNESP

Revista *D. Quixote* (Rio de Janeiro, 1917) satiriza a "lei dos indesejáveis".
ACERVO MEMORIAL DO IMIGRANTE

blicação. A lei de expulsão dos estrangeiros incidia diretamente sobre os elementos-chaves do movimento operário e a estratégia da expulsão, em outras palavras, transformava a crença na existência de "perigosos anarquistas" em fato real.[21] No primeiro ano de sua vigência, 132 estrangeiros são expulsos do Brasil por força da Lei Adolfo Gordo.

Como foi visto, "inúmeros são os casos de estrangeiros radicados em São Paulo que, identificados com as propostas de luta do operariado paulista, fundaram periódicos editados em sua língua de origem que instigavam o trabalhador brasileiro e o imigrante a repensarem a realidade nacional".[22] Essa imprensa tinha, cada vez mais, de viver sob "o olhar do Estado".

Era através dos jornais que socialistas, anarquistas e anarco-sindicalistas tentavam conscientizar os trabalhadores e mobilizá-los para a luta. A missão do jornalismo não se limitava a difundir ideias, a educar politicamente, a atrair aliados políticos. O jornal assumia a função de organizador social e o avanço do movimento operário produz o aparecimento de 343 jornais no Brasil, entre 1890 e 1920. Desses, 149 eram de São Paulo e 35% em idioma estrangeiro, principalmente italiano.[23]

Na capital, as sedes das redações dos jornais "subversivos" multiplicaram-se pelos bairros proletários, como Barra Funda, Brás e Mooca. Nesses locais, os jornais étnicos, partidários ou de classe, transformavam-se em verdadeiras ilhas alternativas de cultura, contribuindo para preservar as tradições e o idioma de origem, avaliados pelas autoridades policiais como elementos perniciosos ao processo de assimilação projetado pelo Estado. Recém-chegados ao Brasil, os imigrantes estigmatizados transformam-se em alvo fácil dos órgãos de repressão.

A Lei Adolfo Gordo completou-se em 1923, com a aprovação do Decreto n.º 4.743 – conhecido como *Lei de Imprensa*

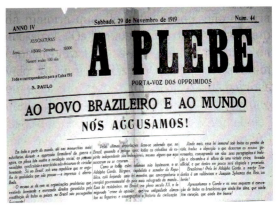

Jornal *A Plebe* protesta contra a perseguição aos estrangeiros considerados "indesejáveis" e propõe boicote internacional dos trabalhadores aos produtos brasileiros desembarcados na Europa.
ACERVO CEDEM-UNESP

---

[21] CANOVAS, op. cit. p. 390.
[22] CARNEIRO, Maria Luiza Tucci, KOSSOY, Boris (Orgs.). *A Imprensa confiscada pelo Deops* (1924 – 1954). São Paulo: Ateliê Editorial/Imprensa Oficial/Arquivo do Estado de São Paulo, 2003.
[23] LOPES, Dirceu Fernandes. *A História Como Consciência Crítica* – Comunicação ao II Congresso da Rede ALCAR, Florianópolis/SC 15 a 17 de abril. 2004.

4 Brasil: a imprensa que nasceu sob censura

– que cerceou ainda mais o pensamento, a palavra e a ação da imprensa operária. Um ano depois, criava-se o Departamento Estadual de Ordem Política e Social (Deops) em São Paulo, órgão repressor destinado a vigiar os suspeitos e a punir os criminosos políticos. Um dos alvos preferenciais do novo organismo: a imprensa operária e a imprensa imigrante.[24]

Sob o controle do Deops

Os imigrantes entraram no país e trouxeram as suas línguas maternas: outras histórias, outras ideologias, fatores determinante da forma pela qual eles se relacionaram com o português e com o Brasil. Para os imigrantes, o português era a língua do estrangeiro, do diferente e a maneira como se deu a sua entrada e adaptação no novo ambiente estava articulada a sua relação com o aprendizado do português, fator de desconfiança e xenofobia das autoridades brasileiras em relação ao imigrante. Para muitos, a insistência deste em utilizar a língua materna era fator de desestabilização e rejeição dos valores nacionais, além de divulgação de "ideologias exóticas", "alienígenas", que solapavam a ordem interna.

Com a criação do Deops (Departamento Estadual de Ordem Política e Social de São Paulo), o estado brasileiro dedicou-se a manter a "pacificação interna", voltando seu olhar para as diversas formas de socialização do estrangeiro no país, fossem associações culturais, políticas ou beneficentes. Mas eram os jornais e jornalistas estrangeiros, avaliados como "subversivos", de acordo com sua orientação ideológica, comunidade idiomática ou comunidade étnica, que passam a ser vistos como produtores de tensão e de perigo para a uniformidade dos valores da pátria, entre eles o racial. Assim, buscando proteger

No Brasil, a imprensa de língua estrangeira também sofreu os reflexos da Primeira Guerra Mundial (1914-1918), porém, as represálias atingiram principalmente a imprensa alemã, quando foi proibido o emprego da língua alemã, tanto na imprensa quanto nas escolas e igrejas. Jornais como o *Die Peitsche* abandonaram o alemão e passaram a ser escritos em língua portuguesa. Outras publicações orientavam os leitores a mandar artigos e correspondência em português.
ACERVO INSTITUTO MARTIUS-STADEN

a "nacionalidade brasileira" da influência de intrusos, Vargas lança o "programa de homogeneização", sustentáculo da política nacionalista e eugênica que se desenvolve a partir da segunda metade da década de 1930. Sob o pretexto de se reconstruir a nação apresentada pelos homens do poder como uma "Pátria em desordem ameaçada por perigos comunista, amarelo e semita", as ideias autoritárias e nacionalistas ganharam adeptos assumindo ar de "sagrado".[25]

---

[24] CARNEIRO, Maria Luiza Tucci, KOSSOY, Boris (Orgs.). *A Imprensa confiscada pelo Deops* (1924 – 1954). São Paulo: Ateliê Editorial/Imprensa Oficial/Arquivo do Estado de São Paulo, 2003.
[25] CARNEIRO, M. Luiza Tucci. *Sob a máscara do nacionalismo:* autoritarismo e antissemitismo na Era Vargas (1930-1945). São Paulo; Perspectiva/Universidade de São Paulo. 2001.

Jornal *Ararat*, de orientação comunista. Circulava entre a comunidade armênia de São Paulo, apreendido pelo Deops.
ACERVO ARQUIVO PÚBLICO DO ESTADO DE SÃO PAULO

4 Brasil: a imprensa que nasceu sob censura

Foi no período do Estado Novo (1937-1945) que a intenção do Estado em controlar a força da palavra ficou mais latente, daí a censura que ficou a cargo do DIP (Departamento de Imprensa e Propaganda) e do Deops, e funcionou como engrenagens reguladoras das relações entre o Estado e a sociedade. Medidas como a censura prévia e a obrigatoriedade de registro dos jornais, revistas, editoras e dos próprios jornalistas possibilitavam o controle dos periódicos e ao Estado inviabilizar quem não estivesse com ele comprometido.

Uma nação branca, cristã e nacionalista

Surgida das discussões acerca da política imigratória nos trabalhos da Assembleia Nacional Constituinte, em 1933, a orientação branca, cristã e nacionalista à nossa imigração, visando a atender a objetivos raciais, religiosos e sociais resultou, em 1934, na aprovação do artigo 121, parágrafos 6° e 7°, da Constituição, que impunha restrições à entrada de imigrantes no território nacional garantindo a "integração étnica". Por essa determinação, a corrente imigratória de cada país não deveria exceder, anualmente, o limite de 2% sobre o número total dos respectivos nacionais fixados no Brasil nos últimos 50 anos. O parágrafo 7° vedava a concentração de imigrantes em qualquer ponto do território nacional, com o objetivo de evitar a formação de núcleos raciais. Também o negro e o amarelo foram considerados como "inconvenientes à formação de uma nacionalidade eugenicamente sadia, educada e feliz".

Assim, a política de restrição e controle das atividades dos imigrantes e de seus descendentes colocada em prática pelo governo Vargas, buscando a assimilação, a mestiçagem e a manutenção segura da nacionalidade brasileira, foi um dos sustentáculos da campanha de nacionalização planejada e executada no período.

Nacionalismo em fúria

Com o golpe de Estado de 10 de novembro de 1937, que institui o Estado Novo, a relação entre o estado brasileiro e a imprensa imigrante caminha para um novo período de tensão e repressão. Marcado pelo autoritarismo e pelo nacionalismo, o Brasil assiste à implementação de um projeto nacional autoritário e centralizador, responsável pela imposição de uma nova ordem constitucional (Constituição de 1937, a Polaca) e pela ideia de construção de um novo ideal nacional, amparado nos ideais de "homogeneização e nacionalização", com o fim de abrasileirar política, cultural e economicamente vários aspectos da vida nacional. Intentando "homogeneizar a população" como ação imperativa, o governo ditatorial de Vargas dedicou-se à elaboração de um projeto contra a entrada de estrangeiros, em prol do "abrasileiramento dos núcleos de colonização". Temia-se que os imigrantes residentes no país, principalmente seus descendentes, já com nacionalidade brasileira, não assumissem a consciência de que o Brasil era a sua pátria, ameaçando o sentimento de unidade nacional.[26]

A situação para a imprensa imigrante tornou-se crítica quando, em abril de 1938, pelo Decreto n° 383, o governo proibiu a atividade política de estrangeiros no Brasil. O decreto estabelecia a impossibilidade dos estrangeiros de organizar, criar ou manter estabelecimentos de caráter político, bem como a difusão de propaganda e ideias ou programas políticos, permitindo a associação apenas para fins culturais e recreativos. Os jornais em língua estrangeira, publicados pelas comunidades imigrantes, foram um

---

[26] HANDA, Tomoo. *O imigrante japonês:* história de sua vida no Brasil. São Paulo: T. A Queiroz, Centro de Estudos Nipo-Brasileiros, 1987. p. 612.

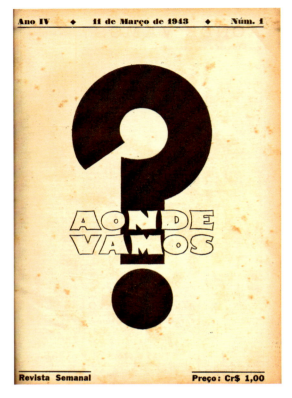

A Palavra Silenciada: com a campanha de nacionalização, diversas publicações em idioma estrangeiro foram interditadas no Brasil: jornais, cartilhas, manuais de orientação religiosa e familiar, manuais técnicos, boletins informativos e livros de história e literatura inspirados na vida dos imigrantes eram proibidos ou simplesmente apreendidos, muitas vezes seguido da prisão de seus responsáveis.
ACERVO ARQUIVO HISTÓRICO JUDAICO BRASILEIRO

dos alvos preferenciais da nova política de nacionalização.

O fato de os jornais dessas comunidades imigrantes serem impressos no idioma de origem dos seus produtores – expressão de cultura e de preservação da identidade – induziu a polícia a interpretar o uso da língua estrangeira como estratégia política para a manutenção de quistos estrangeiros no território brasileiro. Em síntese, sob o olhar nacionalista e xenófobo do Estado, esse segmento do periodismo expressava o menosprezo pelo que "era nosso e muito nosso".[27]

A busca da "brasilidade" atinge a imprensa imigrante

As primeiras medidas da campanha de nacionalização atingiram as escolas primárias com ensino em idioma estrangeiro, incluindo-se nos currículos disciplinas de língua portuguesa, educação cívica, história e geografia do Brasil e a adoção obrigatória de livros didáticos de autores brasileiros. A obrigatoriedade do ensino no idioma português, o uso de símbolos nacionais, a comemoração de datas cívicas nacionais, como estímulo ao patriotismo e às sucessivas medidas intervencionistas, acabaram por inviabilizar as escolas etnicamente orientadas.

A campanha educativa e nacionalizadora não se limitou a reorganizar o espaço e a conduta escolar. Pelo Decreto n° 1.545, de 25 de agosto de 1939, estabeleceram-se as orientações religiosas em língua nacional, seguido da proibição do uso de idiomas estrangeiros em público e em cerimônias religiosas. Ainda em 1939, a campanha atingiu os meios de comunicação com censura aos programas de rádio e imprensa em língua estrangeira. Era preciso que a língua portuguesa chegasse a cada grupo de imigrantes, às escolas, ao trabalho, à igreja e aos seus lares e, assim, assegurasse a assimilação das áreas de colonização estrangeira.

A campanha de nacionalização acabou atingindo as liberdades individuais, a publicação em idioma materno e a própria organização comunitária, propiciando, em última instância, a perda de parte da memória da imigração. Apesar da despolitização verificada nos jornais e revistas das comunidades estrangeiras que circulavam pelo país, a violência do Estado não conseguiu pôr fim aos sentimentos de etnicidade e de identidade étnica que, de uma forma ou outra, permaneceram vivos no imaginário de cada imigrante e de seus descendentes.

[27] CARNEIRO & KOSSOY, op. cit., p. 56.

4 Brasil: a imprensa que nasceu sob censura

Redação do jornal da comunidade húngara: *Gazeta Húngara*. São Paulo (SP), década de 1940.
ACERVO ABADIA SÃO GERALDO

Nessa época, os jornais em língua estrangeira publicavam notícias centradas nos interesses de seus respectivos países, pois os imigrantes queriam estar informados das notícias de seus países em sua própria língua. Além disso, os periódicos de imigrantes contribuíam para que os descendentes fossem educados na língua materna dos pais, constituindo um importante veículo de transmissão dos ideais nacionais e da cultura da mãe-pátria. "No entanto, este ponto de vista era insustentável perante os brasileiros, que consideravam brasileiros todos aqueles que haviam nascido em território brasileiro. O fato de o estrangeiro vir para o Brasil e educar seus filhos de acordo com seus pensamentos e diretrizes representavam tirar do brasileiro o direitos de ser brasileiro e era considerado um ato de traição ao movimento de nacionalização, da unificação da consciência nacional."[28] Com a Segunda Guerra Mundial e a declaração de guerra ao Eixo, em 1942, a intervenção se intensificou junto às populações de origem alemã e japonesa, que passaram a ser vistas como grandes "inimigos" da nação.

A imprensa imigrante não saiu incólume desse período. A despolitização dos periódicos em língua estrangeira, salvo raras exceções, marca a imprensa imigrantista a partir dos anos 1950. Afastados das questões sociais brasileiras e distantes da vivência política da terra natal, muitos desaparecem ou se transformam em revistas que registram a vida social da colônia, anunciando casamentos, festividades, necrologia, entre outros assuntos, além de servirem como guia de serviços e de utilidade pública para os que chegam ou saem. Fechava-se a cortina do segundo ato da história da imprensa imigrante.

[28] HANDA, op. cit., p. 600.

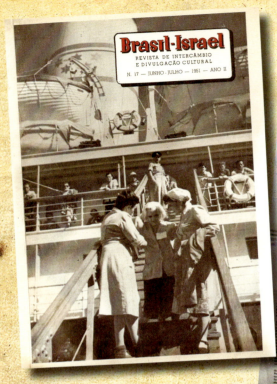

capítulo 5

Crônicas da vida comunitária

Se nas fases iniciais a maioria das publicações da imprensa imigrante era escrita na língua vernácula do grupo envolvido – daí a expressão "imprensa em língua estrangeira" –, com o passar do tempo, a campanha de nacionalização e o processo de assimilação e aculturação vividos pelo imigrante estrangeiro – além do nascimento das novas gerações – fez com que o português fosse ganhando e dividindo espaço com o idioma de origem, ao mesmo tempo em que ocorriam profundas mudanças nos conteúdos editoriais da maioria das publicações da imprensa imigrante. "Mais uma vez, a evolução geral sofrida confirma as transformações da prática intelectual. De um conjunto inicialmente mais sintonizado, com pretensões culturais ou mesmo de certo ativismo relacionado ao acompanhamento dos processos políticos na terra de origem, converteram-se em periódicos dedicados, sobretudo à cobertura da vida social da colônia."[29]

A partir da década de 1960, as transformações na imprensa imigrante aceleram-se. Num momento em que o processo de aculturação e assimilação das diferentes comunidades estrangeiras já está consolidado, e novas gerações se formaram dentro dos padrões da sociedade brasileira, uma alteração crucial ocorre no periodismo de imigrantes e "os jornais, que antes eram conhecidos como jornais de colônia, étnicos, estrangeiros e outras denominações, agora passam a ser reco-

Primeiro exemplar do *Jornal Paulista*, de 1º de janeiro de 1947.
ACERVO MEMORIAL DO IMIGRANTE

[29] TRUZZI, Oswaldo. *Patrícios*: sírios e libaneses em São Paulo. São Paulo: Hucitec, 1997. p.110-111.

49

ACERVO CLUBE PORTUGUÊS

nhecidos como brasileiros – hifenizados com a nacionalidade envolvida. Daí as expressões jornais luso-brasileiros, ítalo-brasileiro, nipo-brasileiros, etc."[30]

Segundo recente levantamento, "atualmente encontramos 32 títulos de impressos voltados para as mais variadas nacionalidades em circulação na capital paulista que, se somados, imprimem mais de 500 mil exemplares. Há registros desde revistas e jornais ou simplesmente boletins e *newsletters* manuscritos até aqueles feitos por empresas jornalísticas de pequeno e médio porte e ainda de rudimentar ou alta qualidade de impressão. Existem os de circulação restrita à colônia, com tiragens ínfimas, e os que chegam a outros estados brasileiros e até outros países, em especial, da América Latina, com número grande de exemplares."[31]

Essas publicações, escritas em português ou em língua estrangeira, divulgam, entre outros assuntos, as necessidades da comunidade, sua cultura, valores, crenças, etc., ao mesmo tempo em que trazem notícias da terra natal e anúncios publicitários de produtos consumidos pelos seus leitores. Geralmente são vendidas em bancas dos bairros onde se concentra a colônia, por assinatura ou associações de imigrantes. Em São Paulo, há vários exemplos de jornais que se encaixam nessa categoria: *Oriundi* (voltado para a comunidade italiana), *Nikkey Shimbun* e *Jornal Nipo-Brasil* (da colônia japonesa), *Brasil Post* e *Deutsche Zeitung* (alemães), entre outros.

Os jornais étnicos, de imigrantes ou de colônia que circulam em São Paulo trazem em seu conteúdo, predominantemente, assuntos específicos e de interesse da comunidade de estrangeiros, ao mesmo tempo em que atuam como veículos de divulgação da cultura dos antepassados. O jornal voltado para o imigrante fornece elementos ao seu leitor, que propiciam o contato direto com suas raízes e origens, por intermédio das informações referentes ao país de origem do imigrante, orientações sobre assuntos gerais e de prestação de serviços úteis ao estrangeiro no território receptor, reflexões e celebrações sobre a manutenção de suas raízes e identidade cultural ou notícias sobre grupos no qual o estrangeiro está inserido.

A imprensa imigrante, em qualquer época ou lugar, abriu espaço para a comunicação intergrupo, falou de seus personagens, prestou serviços e manteve o leitor em contato com suas raízes. Em suas páginas eles se viram representados, expressaram-se e foram ouvidos. Nelas, os imigrantes e seus descendentes foram e são os protagonistas.

Österreichische Zeitung (Jornal Austríaco): ao buscar nas páginas dos periódicos os vínculos com o país de origem, observa-se um elemento primordial da condição imigrante: o "retorno". Outro vínculo importante está na preservação das tradições e da cultura, no cultivo do idioma e na informação sobre as questões políticas da terra natal.
ACERVO INSTITUTO MARTIUS-STADEN

---

[30] ESCUDERO, op. cit., p. 106
[31] Ibid., op.cit., p.108.

5 Crônicas da vida comunitária

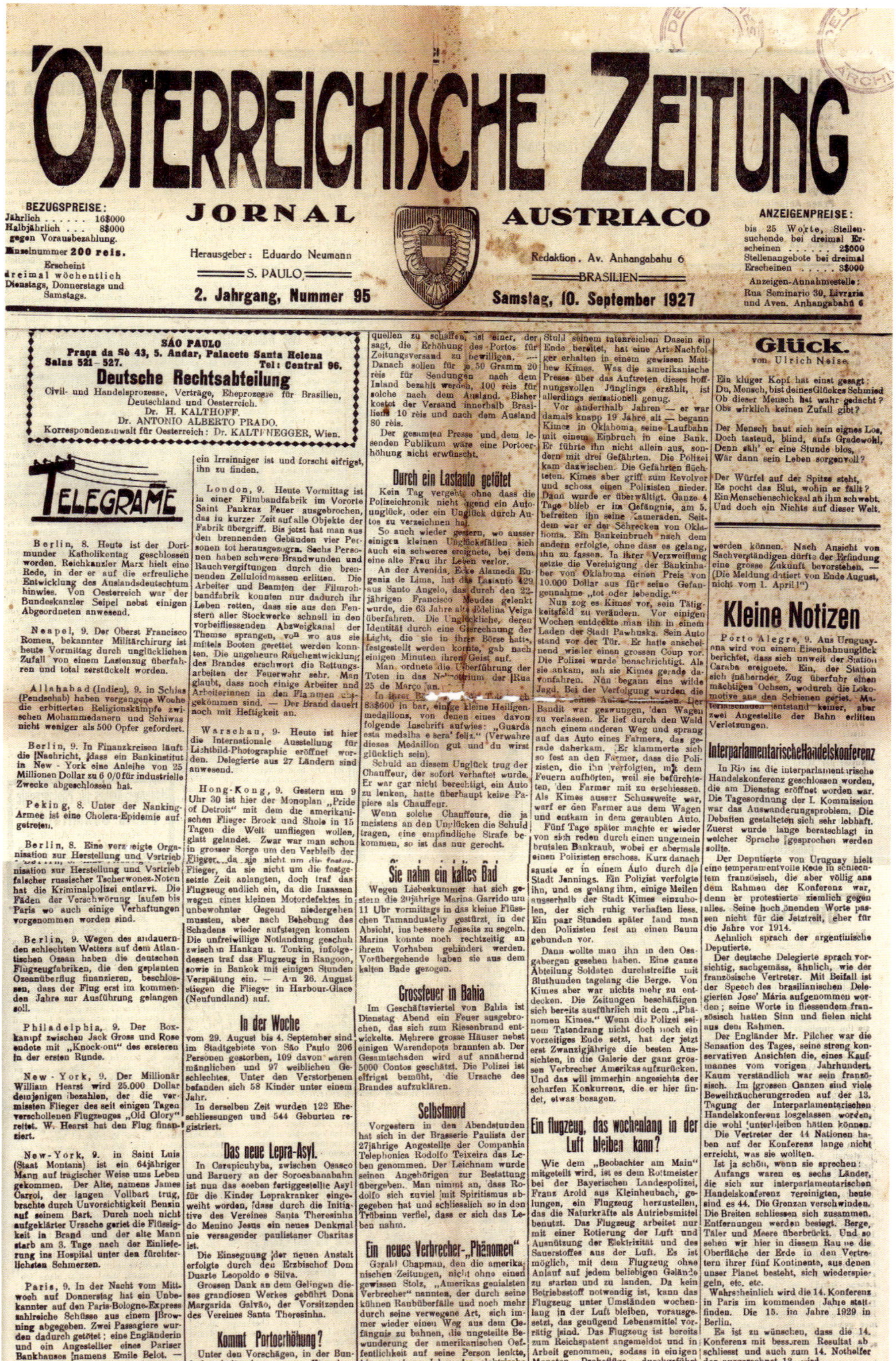

ÖSTERREICHISCHE ZEITUNG

JORNAL AUSTRIACO

BEZUGSPREISE:
Jährlich . . . . . . 16$000
Halbjährlich . . . 8$000
gegen Vorausbezahlung.
Einzelnummer **200 reis.**
Erscheint dreimal wöchentlich Dienstags, Donnerstags und Samstags.

Herausgeber: Eduardo Neumann
S. PAULO
2. Jahrgang, Nummer 95

Redaktion. Av. Anhangabahu 6
BRASILIEN
Samstag, 10. September 1927

ANZEIGENPREISE:
bis 25 Worte, Stellensuchende bei dreimal Erscheinen . . . . . . 2$000
Stellenangebote bei dreimal Erscheinen . . . . . 3$000
Anzeigen-Annahmestelle: Rua Seminario 30, Livraria und Aven. Anhangabahú 6

SÃO PAULO
Praça da Sè 43, 5. Andar, Palacete Santa Helena
Salas 521–527. Tel: Central 96.
Deutsche Rechtsabteilung
Civil- und Handelsprozesse, Verträge, Eheprozesse für Brasilien, Deutschland und Oesterreich.
Dr. H. KALTHOFF.
Dr. ANTONIO ALBERTO PRADO.
Korrespondenzanwalt für Oesterreich: Dr. KALTENEGGER, Wien.

TELEGRAMME

Berlin, 8. Heute ist der Dortmunder Katholikentag geschlossen worden. Reichkanzler Marx hielt eine Rede, in der er auf die erfreuliche Entwicklung des Auslandsdeutschtum hinwies. Von Oesterreich war der Bundeskanzler Seipel nebst einigen Abgeordneten anwesend.

Neapel, 9. Der Oberst Francisco Romeu, bekannter Militärchirurg ist heute Vormittag durch unglücklichen Zufall von einem Lastenzug überfahren und total zerstückelt worden.

Allahabad (Indien), 9. in Schias (Pendschab) haben vergangene Woche die erbitterten Religionskämpfe zwischen Mohammedanern und Schiwas nicht weniger als 500 Opfer gefordert.

Berlin, 9. In Finanzkreisen läuft die Nachricht, dass ein Bankinstitut in New-York eine Anleihe von 25 Millionen Dollar zu 6 0/0 für industrielle Zwecke abgeschlossen hat.

Peking, 8. Unter der Nanking-Armee ist eine Cholera-Epidemie aufgetreten.

Berlin, 8. Eine verzweigte Organisation zur Herstellung und Vertrieb falscher russischer Tscherwonez-Noten hat die Kriminalpolizei entlarvt. Die Fäden der Verschwörung laufen bis Paris wo auch einige Verhaftungen vorgenommen worden sind.

Berlin, 9. Wegen des andauernden schlechten Wetters auf dem Atlantischen Ozean haben die deutschen Flugzeugfabriken, die den geplanten Ozeanüberflug finanzieren, beschlossen, dass der Flug erst im kommenden Jahre zur Ausführung gelangen soll.

Philadelphia, 9. Der Boxkampf zwischen Jack Gross und Rose endete mit „Knock-out" des ersteren in der ersten Runde.

New-York, 9. Der Millionär William Hearst wird 25.000 Dollar demjenigen bezahlen, der die vermissten Flieger des seit einigen Tagen verschollenen Flugzeuges „Old Glory" rettet. W. Hearst hat den Flug finanziert.

New-York, 9. in Saint Luis (Staat Montana) ist ein 64jähriger Mann auf tragischer Weise ums Leben gekommen. Der Alte, namens James Carrol, der langen Vollbart trug, brachte durch Unvorsichtigkeit Benzin auf seinem Bart. Durch noch nicht aufgeklärter Ursache geriet die Flüssigkeit in Brand und der alte Mann starb am 3. Tage nach der Einlieferung ins Hospital unter den fürchterlichsten Schmerzen.

Paris, 9. In der Nacht vom Mittwoch auf Donnerstag hat ein Unbekannter auf den Paris-Bologne-Express zahlreiche Schüsse aus einem Browning abgegeben. Zwei Passagiere wurden dadurch getötet; eine Engländerin und ein Angestellter eines Pariser Bankhauses namens Emile Belot. — Die Polizei glaubt, dass der Attentäter ein Irrsinniger ist und forscht eifrigst, ihn zu finden.

London, 9. Heute Vormittag ist in einer Filmbandfabrik im Vororte Saint Pankraz Feuer ausgebrochen, das in kurzer Zeit auf alle Objekte der Fabrik übergriff. Bis jetzt hat man aus den brennenden Gebäuden vier Personen tot herausgezogen. Sechs Personen haben schwere Brandwunden und Rauchvergiftungen durch die brennenden Zelluloidmassen erlitten. Die Arbeiter und Beamten der Filmrohbandfabrik konnten nur dadurch ihr Leben retten, dass sie aus den Fenstern aller Stockwerke schnell in den vorbeifliessenden Abzweigkanal der Themse sprangen, von wo aus sie mittels Booten gerettet werden konnten. Die ungeheure Rauchentwicklung des Brandes erschwert die Rettungsarbeiten der Feuerwehr sehr. Man glaubt, dass noch einige Arbeiter und Arbeiterinnen in den Flammen umgekommen sind. — Der Brand dauert noch mit Heftigkeit an.

Warschau, 9. Heute ist hier die Internationale Ausstellung für Lichtbild-Photographie eröffnet worden. Delegierte aus 27 Ländern sind anwesend.

Hong-Kong, 9. Gestern um 9 Uhr 30 ist hier der Monoplan „Pride of Detroit" mit dem die amerikanischen Flieger Brock und Shole in 15 Tagen die Welt umfliegen wollen, glatt gelandet. Zwar war man schon in grosser Sorge um den Verbleib der Flieger, da sie nicht um die festgesetzte Zeit anlangten, doch traf das Flugzeug endlich ein, da die Insassen wegen eines kleinen Motordefektes in unbewohnter Gegend niedergehen mussten, aber nach Behebung des Schadens wieder aufsteigen konnten. Die unfreiwillige Notlandung geschah zwischen Hankau u. Tonkin, infolgedessen traf das Flugzeug in Rangoon, sowie in Bankok mit einigen Stunden Verspätung ein. — Am 26. August stiegen die Flieger in Harbour-Glace (Neufundland) auf.

In der Woche

vom 29. August bis 4. September sind im Stadtgebiete von São Paulo 206 Personen gestorben, 109 davon waren männlichen und 97 weiblichen Geschlechtes. Unter den Verstorbenen befanden sich 58 Kinder unter einem Jahr.

In derselben Zeit wurden 122 Eheschliessungen und 544 Geburten registriert.

Das neue Lepra-Asyl.

In Carapicuhyba, zwischen Ossasco und Baruery an der Sorocabanabahn ist nun das soeben fertiggestellte Asyl für die Kinder Leprakranker eingeweiht worden, dass durch die Initiative des Vereines Santa Theresinha do Menino Jesus ein neues Denkmal nie versagender paulistaner Charitas ist.

Die Einsegnung der neuen Anstalt erfolgte durch den Erzbischof Dom Duarte Leopoldo e Silva.

Grossen Dank an dem Gelingen dieses grandiosen Werkes gebührt Dona Margarida Galvão, der Vorsitzenden des Vereines Santa Theresinha.

Kommt Portoerhöhung?

Unter den Vorschägen, in der Bundeshaushaltvorlage neue Einnahmequellen zu schaffen, ist einer, der sagt, die Erhöhung des Portos für Zeitungsversand zu bewilligen. — Danach sollen für je 50 Gramm 20 rèis für Sendungen nach dem Inland bezahlt werden, 100 rèis für solche nach dem Ausland. Bisher kostet der Versand innerhalb Brasiliens 10 rèis und nach dem Ausland 80 rèis.

Der gesamten Presse und dem lesenden Publikum wäre eine Portoerhöhung nicht erwünscht.

Durch ein Lastauto getötet

Kein Tag vergeht, ohne dass die Polizeichronik nicht irgend ein Autounglück, oder ein Unglück durch Autos zu verzeichnen hat.

So auch wieder gestern, wo ausser einigen kleinen Unglücksfällen sich auch ein schweres ereignete, bei dem eine alte Frau ihr Leben verlor.

An der Avenida, Ecke Alameda Eugenia de Lima, hat das Lastauto 429 aus Santo Angelo, das durch den 22jährigen Francisco Mendes gelenkt wurde, die 63 Jahre alte Edelina Veiga überfahren. Die Unglückliche, deren Identität durch eine Gasrechnung der Light, die sie in ihrer Börse hatte, festgestellt werden konnte, gab nach einigen Minuten ihren Geist auf.

Man ordnete die Überführung der Toten in das Nekrotorium der Rua 25 de Março an.

In ihrer B[illegible] 83$600 in bar, einige kleine Heiligenmedaillons, von denen eines davon folgende Inschrift aufwies: „Guarda esta medalha e sera' feliz." (Verwahre dieses Medaillon gut und du wirst glücklich sein).

Schuld an diesem Unglück trug der Chauffeur, der sofort verhaftet wurde. Er war gar nicht berechtigt, ein Auto zu lenken, hatte überhaupt keine Papiere als Chauffeur.

Wenn solche Chauffeure, die ja meistens an den Unglücken die Schuld tragen, eine empfindliche Strafe bekommen, so ist das nur gerecht.

Sie nahm ein kaltes Bad

Wegen Liebeskummer hat sich gestern die 20jährige Marina Garrido um 11 Uhr vormittags in das kleine Flüsschen Tamanduatehy gestürzt, in der Absicht, ins bessere Jenseits zu segeln. Marina konnte noch rechtzeitig an ihrem Vorhaben gehindert werden. Vorübergehende haben sie aus dem kalten Bade gezogen.

Grossfeuer in Bahia

Im Geschäftsviertel von Bahia ist Dienstag Abend ein Feuer ausgebrochen, das sich zum Riesenbrand entwickelte. Mehrere grosse Häuser nebst einigen Warendepots brannten ab. Der Gesamtschaden wird auf annähernd 5000 Contos geschätzt. Die Polizei ist eifrigst bemüht, die Ursache des Brandes aufzuklären.

Selbstmord

Vorgestern in den Abendstunden hat sich in der Brasserie Paulista der 27jährige Angestellte der Companhia Telephonica Rodolfo Teixeira das Leben genommen. Der Leichnam wurde seinen Angehörigen zur Bestattung übergeben. Man nimmt an, dass Rodolfo sich zuviel mit Spiritismus abgegeben hat und schliesslich so in den Trübsinn verfiel, dass er sich das Leben nahm.

Ein neues Verbrecher-„Phänomen"

Gerald Chapman, den die amerikanischen Zeitungen, nicht ohne einen gewissen Stolz, „Amerikas genialsten Verbrecher" nannten, der durch seine kühnen Raubüberfälle und noch mehr durch seine verwegene Art, sich immer wieder einen Weg aus dem Gefängnis zu bahnen, die ungeteilte Bewunderung der amerikanischen Oeffentlichkeit auf seine Person lenkte, bis vor einem Jahre der elektrische Stuhl seinem tatenreichen Dasein ein Ende bereitet, hat eine Art Nachfolger erhalten in einem gewissen Matthew Kimes. Was die amerikanische Presse über das Auftreten dieses hoffnungsvollen Jünglings erzählt, ist allerdings sensationell genug.

Vor anderthalb Jahren — er war damals knapp 19 Jahre alt — begann Kimes in Oklahoma seine Laufbahn mit einem Einbruch in eine Bank. Er führte ihn nicht allein aus, sondern mit drei Gefährten. Die Polizei kam dazwischen. Die Gefährten flüchteten. Kimes aber griff zum Revolver und schoss einen Polizisten nieder. Dann wurde er überwältigt. Ganze 4 Tage blieb er im Gefängnis, am 5. befreiten ihn seine Kameraden. Seitdem war er der Schrecken von Oklahoma. Ein Bankeinbruch nach dem andern erfolgte, ohne dass es gelang, ihn zu fassen. In ihrer Verzweiflung setzte die Vereinigung der Bankinhaber von Oklahoma einen Preis von 10.000 Dollar aus für seine Gefangennahme „tot oder lebendig."

Nun zog es Kimes vor, sein Tätigkeitsfeld zu verändern. Vor einigen Wochen entdeckte man ihn in einem Laden der Stadt Pawhuska. Sein Auto stand vor der Tür. Er hatte anscheinend wieder einen grossen Coup vor. Die Polizei wurde benachrichtigt. Als sie ankam, sah sie Kimes gerade davonfahren. Nun begann eine wilde Jagd. Bei der Verfolgung wurden die [illegible] seines Autos [illegible]. Der Bandit war gezwungen, den Wagen zu verlassen. Er lief durch den Wald nach einem anderen Weg und sprang auf das Auto eines Farmers, das gerade daherkam. Er klammerte sich so fest an den Farmer, dass die Polizisten, die ihn verfolgten, mit dem Feuern aufhörten, weil sie befürchteten, den Farmer mit zu erschiessen. Als Kimes ausser Schussweite war, warf er den Farmer aus dem Wagen und entkam in dem geraubten Auto.

Fünf Tage später machte er wieder von sich reden durch einen ungemein brutalen Bankraub, wobei er abermals einen Polizisten erschoss. Kurz danach sauste er in einem Auto durch die Stadt Jennings. Ein Polizist verfolgte ihn, und es gelang ihm, einige Meilen ausserhalb der Stadt Kimes einzuholen, der sich ruhig verhaften liess. Ein paar Stunden später fand man den Polizisten fest an einen Baum gebunden vor.

Dann wollte man ihn in den Osagabergen gesehen haben. Eine ganze Abteilung Soldaten durchstreifte mit Bluthunden tagelang die Berge. Von Kimes aber war nichts mehr zu entdecken. Die Zeitungen beschäftigen sich bereits ausführlich mit dem „Phänomen Kimes." Wenn die Polizei seinem Tatendrang nicht doch noch ein vorzeitiges Ende setzt, hat der jetzt erst Zwanzigjährige die besten Aussichten, in die Galerie der ganz grossen Verbrecher Amerikas aufzurücken. Und das will immerhin angesichts der scharfen Konkurrenz, die er hier findet, etwas besagen.

Ein Flugzeug, das wochenlang in der Luft bleiben kann?

Wie dem „Beobachter am Main" mitgeteilt wird, ist es dem Rottmeister bei der Bayerischen Landespolizei, Franz Arold aus Kleinheubach, gelungen, ein Flugzeug herzustellen, das die Naturkräfte als Antriebsmittel benutzt. Das Flugzeug arbeitet nur mit einer Rotierung der Luft und Ausnützung der Elektrizität und des Sauerstoffes aus der Luft. Es ist möglich, mit dem Flugzeug ohne Anlauf auf jedem beliebigen Gelände zu starten und zu landen. Da kein Betriebsstoff notwendig ist, kann das Flugzeug unter Umständen wochenlang in der Luft bleiben, vorausgesetzt, das genügend Lebensmittel vorrätig sind. Das Flugzeug ist bereits zum Reichspatent angemeldet und in Arbeit genommen, sodass in einigen Monaten Probeflüge durchgeführt werden können. Nach Ansicht von Sachverständigen dürfte der Erfindung eine grosse Zukunft bevorstehen. — (Die Meldung datiert von Ende August, nicht vom 1. April!")

Glück.

von Ulrich Neise

Ein kluger Kopf hat einst gesagt:
Du, Mensch, bist deines Glückes Schmied
Ob dieser Mensch hat wahr gedacht?
Obs wirklich keinen Zufall gibt?

Der Mensch baut sich sein eignes Los,
Doch tastend, blind, aufs Gradewohl,
Denn säh' er eine Stunde blos,
Wär dann sein Leben sorgenvoll?

Der Würfel auf der Spitze steht,
Es pocht das Blut, wohin er fällt?
Ein Menschenschicksal an ihm schwebt.
Und doch ein Nichts auf dieser Welt.

Kleine Notizen

Porto Alegre, 9. Aus Uruguayana wird von einem Eisenbahnunglück berichtet, dass sich unweit der Station Caraba ereignete. Ein, der Station sich nähernder Zug überfuhr einen mächtigen Ochsen, wodurch die Lokomotive aus den Schienen geriet. Materialschaden entstand keiner, aber zwei Angestellte der Bahn erlitten Verletzungen.

Interparlamentarische Handelskonferenz

In Rio ist die interparlamentarische Handelskonferenz geschlossen worden, die am Dienstag eröffnet worden war. Die Tagesordnung der I. Kommission war das Auswanderungsproblem. Die Debatten gestalteten sich sehr lebhaft. Zuerst wurde lange beratschlagt in welcher Sprache gesprochen werden sollte.

Der Deputierte von Uruguay hielt eine temperamentvolle Rede in schlechtem französisch, die aber völlig aus dem Rahmen der Konferenz war, denn er protestierte ziemlich gegen alles. Seine hochtönenden Worte passen nicht für die Jetztzeit, eher für die Jahre vor 1914.

Aehnlich sprach der argentinische Deputierte.

Der deutsche Delegierte sprach vorsichtig, sachgemäss, ähnlich, wie der französische Vertreter. Mit Beifall ist der Speech des brasilianischen Delegierten Jose' Mária aufgenommen worden; seine Worte in fliessendem französisch hatten Sinn und fielen nicht aus dem Rahmen.

Der Engländer Mr. Pilcher war die Sensation des Tages, seine streng konservativen Ansichten die, eines Kaufmannes vom vorigen Jahrhundert. Kaum verständlich war sein französisch. Im grossen Ganzen sind viele Beweihräucherungsreden auf der 13. Tagung der Interparlamentarischen Handelskonferenz losgelassen worden, die wohl unterbleiben hätten können.

Die Vertreter der 44 Nationen haben auf der Konferenz lange nicht erreicht, was sie wollten.

Ist ja schön, wenn sie sprechen:

Aufangs waren es sechs Länder, die sich zur interparlamentarischen Handelskonferenz vereinigten, heute sind es 44. Die Grenzen verschwinden. Die Breiten schliessen sich zusammen. Entfernungen werden besiegt. Berge, Täler und Meere überbrückt. Und so sehen wir hier in diesem Raume die Oberfläche der Erde in den Vertretern ihrer fünf Kontinente, aus denen unser Planet besteht, sich wiederspiegeln, etc. etc.

Wahrscheinlich wird die 14. Konferenz in Paris im kommenden Jahre stattfinden. Die 15. im Jahre 1929 in Berlin.

Es ist zu wünschen, dass die 14. Konferenz mit besserem Resultat abschliesst und auch zum 14. Nothelfer der ausgerechnet 13. wird.

O mutualismo foi uma das primeiras formas de associação e de organização dos imigrantes em solo paulista. Abaixo, a **Societá Mutuo Sccorso Italiani Uniti**, c. 1910. SBC (SP).
ACERVO MEMORIAL DO IMIGRANTE

As comunidades imigrantes e sua imprensa

Italianos

A formação industrial da cidade de São Paulo está intimamente ligada ao processo imigratório que o Brasil vivenciou com maior intensidade a partir de 1870, quando teve início a chamada "grande imigração". Esse período, que se estende até 1930, foi primordial para a formação da base industrial da capital paulista, pelo seu processo de metropolização e pelo aumento considerável da população estrangeira residente em seu território.

A cidade atraía os já estabelecidos no interior do Estado ou recém-chegados. Cada vez mais imigrantes evitavam as lavouras de café, devido à crise no setor gerada pela superprodução ou pelas condições de trabalho a que eram submetidos, e se estabeleciam na cidade, participando do seu processo de crescimento e expansão. Os italianos, a maior das correntes imigratórias que vieram para cá, fixaram-se nas regiões do Brás, do Belém e da Mooca, devido ao parque industrial ali instalado, tornando-as um ambiente de trabalho e moradia.[32]

Familiarizado com os centros urbano--industriais, o elemento italiano forma a base do proletariado urbano paulistano e traz para a capital, além de sua cultura, costumes e tradições, o ideal de organização e da luta operária, amparado por uma imprensa social combativa, representada, sobretudo, pelo aparecimento de títulos como o *La Lotta Proletária*, o *Alba Rossa*, o *La Giustiza*, o *La Battaglia*, entre outros, escritos em italiano, língua que ocuparia a maior parte da imprensa operária paulista até a década de 1920.

Esse predomínio do operário italiano na formação de sindicatos e sua prevalência na imprensa em língua estrangeira do período deve-se a sua presença maciça na constituição da força de trabalho industrial paulistana, uma vez que, no início do século 20, cerca de 80% dos operários paulistanos eram italianos. Por isso, o idioma constante na maioria das centenas de jornais e panfletos publicados pelos operários em São Paulo naqueles anos também era o italiano, igualmente utilizado nos comícios, nas manifestações, nas encenações de teatro e em outras manifestações da cultura operária daquele momento.[33] Toda essa agitação social e cultural em São Paulo, principalmente aquelas ligadas às camadas populares, revela a importância desse grupo para a constituição dos bairros operários paulistanos e para a formação da própria identidade da cidade.

Em São Paulo, a comunidade italiana se organizou, superou os desafios do choque étnico e cultural, manteve suas tradições e manifestações e interagiu com a sociedade. Ao lançar suas folhas contribuiu para a compre-

---

[32] CASTRO, Danilo Martins de. *O uso da cultura como forma de resistência*: os descendentes de italianos da Mooca. 1° SIMPGEO/SP, Rio Claro, 2008.
[33] BERTONHA, J. F. *A imigração italiana no Brasil,* São Paulo: Saraiva, 2004. (Coleção que história é esta?). p. 35.

A presença dos jornais em língua italiana no Estado de São Paulo explica-se pela preponderância desta corrente imigratória para a região. Como exemplo, em 1907, a cidade de São Paulo possuía cinco jornais diários escritos em língua italiana, posição de destaque que não será abalada pela chegada de imigrantes de outras nacionalidades e a diversificação da imprensa imigrante com o aparecimento de títulos em espanhol, alemão, árabe e japonês, entre outros[35].
ACERVO CEDEM/UNESP - APESP

ensão das particularidades e especificidades da comunidade ítalo-brasileira radicada em São Paulo.

Nesse processo, se as associações e escolas italianas proliferaram em São Paulo, ao lado delas chama a atenção do observador o incrível número de jornais e revistas em língua italiana publicados entre 1880 e 1940.[34]

Os primeiros títulos da imprensa em idioma italiano

Foi por obra dos frades Giovan Francesco de Gubbio e Anselmo de Castelvetrano que, em 1765, circulou no Brasil o primeiro periódico em língua italiana de que se tem notícia. Intitulado *La Croce del Sud*, o pequeno jornal trazia notícias religiosas, porém, sua vida "não foi longa, e somente 70 anos depois deveria surgir um novo jornal em língua italiana".[36] Foi em 1836 que surgiu no Rio de Janeiro essa segunda publicação, chamada *La Giovane Itália*. Era editada na residência de Luigi delle Case, por refugiados políticos. Entretanto, "há quem afirme que *La Croce del Sud* e *La Giovane Itália* nunca existiram e que a primeira publicação em língua italiana no Brasil foi a que surgiu por obra do professor Galleano Ravara, em 1854, no Rio de Janeiro, com o nome de *Iride Italiana*",[37] com

Com o progressivo aumento da imigração italiana, em meados do século 19, o surgimento de jornais escritos em italiano tornou-se sensível, como o *L'Immigrante* (1886).
Até o final do século 19, a imprensa italiana teve que conviver com poucas pessoas aptas a lerem essa produção jornalística, devido ao analfabetismo de muitos, ao uso de dialetos e desconhecimento do idioma oficial.
ACERVO ARQUIVO PÚBLICO DO ESTADO DE SÃO PAULO

---

[34] TRENTO, Angelo. *Do outro lado do Atlântico*. São Paulo: Nobel, 1989. p. 184–191.
[35] CENNI, Franco. *Italianos no Brasil*. 3. ed. São Paulo: EDUSP, 2003. p. 342-3.
[36] Ibid., p. 339.
[37] Idem, p. 340.

As comunidades imigrantes e sua imprensa | Italianos

Revista dos Novos

ANNO II   S. Paulo (Brasile) 7 Gennaio 1886   N. 1

L'Immigrante

Per la Redazione: ALESSANDRO MAGLIA | **PERIODICO SETTIMANALE** | Per l'Amministrazione: FILIPPO QUEIRAZZA

DEDICATO AGLI INTERESSI DEGLI IMMIGRANTI

| Lavoro | Proprietá di Queirazza & Maglia | Concordia |

Condizione d'Abbonamento

CITTÁ E INTERIORE

Per 3 mesi . . . . 2$500
» 6 » . . . . 5$000
» 1 anno . . . . 10$000

Per fuori non si accettano abbonamenti che di sei mesi o di un anno.

Quei signori che pagheranno un anno anticipato riceveranno in dono la VEDUTA DEL MONUMENTO DELL'YPIRANGA, magnifico lavoro in fotolitografia che eseguira uno dei principali stabilimenti italiani, espressamente per l'«Immigrante».

Gli abbonamenti si ricevono presso l'amministrazione, in

Rua do Senador Feijó, 38.

S. Paulo, 7 Gennaio 1886

Agli Immigranti

Se ci fosse possibile di trovarci con tutti gli immigranti che qui si dirigono in cerca d'occupazione nell'agricoltura specialmente, e di discorrere un poco ed intimamente con ciascuno, sarebbe nostro vivissimo desiderio di iniziarli alla nuova vita che li aspetta in questo paese, spiegar loro, alla buona e con chiarezza tante cose che ignorano, prepararli alla lotta che devono sostenere per formarsi una posizione, prepararli alle disillusioni a cui forse li cullarono speranze esagerate, o, mal consigliate promesse fatte da chi era interessato a deciderli ad emigrare.

Nell'impossibilità in cui ci troviamo di mettere in pratica quest'idea, ci

---

APPENDICE
(3)

Cappello Verde

DI

Henry Cauvin

(Tradotto dal Francese per A. Maglia)

IX

Parigi e che vi avevo un casinetto. Ero impiegato in cass di negozianti, come scritturale, e che me ne andavo ogni giorno allo scrittoio.

Credette ogni cosa. Restammo d'accordo, che qualche tempo dopo la mia uscita dall'ospitale, essa mi raggiungerebbe a Bourg-la-Reine dove ci sposeremmo.

Lasciai l'ospitale verso la fine di Aprile. Avevo nascosto ai piedi d'una pianta ai Campi Elisi, una somma abbastanza importante di denaro, prodotto d'un furto commesso in una chiesa.

---

accontenteremo dunque di spiegare agli immigranti in alcuni articoli, ció che avressimo detto verbalmente, convinti che vorranno credere alle nostre parole inspirate dal desiderio di prestar loro un utile servizio.

Vorremmo far loro comprendere che a lato dei diritti corrono di pari passo anche dei doveri; che, quí in America nel Brasile, come in tutti i paesi del mondo, le allodole non cadono bell'e arrostite nella padella, che, per raccogliere é d'uopo quí come in ogni parte del mondo, preparare e seminare il terreno.

Che; sta bene é giusto ed é naturale che essi aspirino tutti a stabilirsi proprietari ed indipendenti; ma che per far ció abbisognano diverse ed indispensabili condizioni.

Principali, quella d'aver un po' di pratica almeno, della coltura del paese quindi, di possedere qualche economia per non dover poi dipendere dagli altri.

In questo caso, colui che ottenendo un lotto qualunque di terreno vi si stabilisce e lavora per proprio conto, procuri di farselo dare sempre, il piú vicino che sia possibile ad un centro di consumo, perché la raccolta della ortaglia e dei minuti prodotti, venduti al mercato saranno per lui una risorsa incalcolabile e provvidenziale.

Coloro invece, che accettano di andare come agricoltori in qualche

---

faʒenda, per lavorarvi alla giornata o a paga fissa, giornaliera o mensile, od a mezzadria, ben intesi, PERÓ SEMPRE SENZA CONTRATTI, devono stabilire i loro patti ben chiari, e badar bene agli intermediari, che colle mellifue parole cercassero di far passar tutto per buono e per magnifico.

Nell'ufficio dell'immigrazione vi sono impiegati specialmente incaricati di consigliare e dirigere gli immigranti; e, siccome non é presumibile che la scelta del governo possa cadere su uomini senza carattere, senza coscienza e venali, cosí, fino a prove in contrario animiamo gli immigranti a non fidarsi in nessuni altri che in quelli, ed a mandare alla malora quanti li avvicinassero allo scopo di indurli a preferire questo piuttosto che un'altro posto, poiché, malgrado le dolci moine, le seducenti parole, costoro no... che sensali, veri corvi che piombano, la dove sanno di trovare una preda da divorare.

Inquanto a noi crediamo che, fare un po' di pratica in casa d'altri, (peró guadagnando un giusto salario) non sarebbe male, poiché, oltre all'apprendere il servizio agricolo di questo paese, nuovo affatto al nostro lavoratore, questi si mette in grado di comperare colle economie accumulate un terreno per se, che poi fará fruttare a dovere, mercé l'esperienza acquistata lavorando in casa altrui.

Puó darsi che fra tanti proprietari di faʒendas vi sia taluno egoista, avaro, e senza cuore, che tutto voglia per se solo, e che al bracciante non intenda lasciare che l'aria per respirare, e gli occhi per piangere; ma, per fortuna ed onore dell'umanità, ve n'ha pochi e sono una cosí piccola minoranza da formare un'eccezione alla regola generale.

La maggioranza invece, ci gode l'animo di riconoscerlo, é composta di gente di buon senso e di cuore, la quale, mentre cerca di fare il proprio interesse sa anche appagare le giuste esigenze de' loro dipendenti alla cui opera devono ricorrere se vogliono aver coltivati i loro vasti poderi.

Continueremo.

Nostre Corrispondenze

Campinas, 3 Gennaio 1886

In continuazione alla mia del 28 ultimo scorso mese le comunico qualche notizia circa gli espositori Italiani che si presentarono all'Esposizione Regionale di Campinas e coloro i quali lavorano nelle officine di macchine per l'industria.

A buon diritto la bandiera Italiana sventola sull'alto dell'edificio del signor cav. Prospero Bellinfanti.

Puossi dire che l'Esposizione diviene famosa per le rare manifatture

---

diverrei onesto e che un'altra esistenza s'aprirebbe davanti a me.

Venuta la notte, cercai trattenerla presso di me. Ella si oppose. Consentiva ad essere mia moglie. Sarebbe morta anzichè diventare mia amante.

Si strappò dalle mie braccia ed andó a dormire all'albergo di Bourg-la-Reine.

All'indomani si cercó del lavoro da cucitrice, e ne trovó subito, ch'era intelligente e molto abile.

Tre settimane dopo, eravamo marito e moglie e due mesi più tardi non avevamo più un soldo.

Essa non si mostró mai sorpresa al vedermi sempre al suo fianco e non mi parló mai di quello scrittoio dove le dissi che mi trovavo impiegato. Spese il denaro, senza mai domandare da dove venisse.

Arrivato al fondo della borsa le dissi:
— Ora, bisogna lavorare.

Essa mi obbedi sorridendo colla sua angelica bontà.

Riprese i suoi lavori da cucitrice.

Ma in un piccolo paese come Bourg-Reine, era una troppo meschina risorsa.

Ora che non s'andava più divertendosi e correndo pelle osterie dei vicinanze, restar sempre in casa, divenne in ben magro passatempo per me, e cominciai ad annoiarmi.

Mi diedi a far delle corse a Parigi, col pretesto di cercarvi da fare, poichè avevo detto a Severina che per esser stato sì lungo tempo ammalato, avevo

---

perduto il posto. Vi rividdi i miei antichi compagni, e poco a poco ripresi le mie abitudini di tempo addietro, e mi lasciai trascinare un'altra volta per quella ignominiosa strada, dalla quale pareva che un miracolo m'avesse strappato.

Allora, discesi la rapida china che doveva menarmi al delitto, e finire all'ergastolo... E la povera donna ch'io avevo associata al mio infame destino cominciò il doloroso calvario, con tutte le torture e tutte le umiliazioni che dovevano ben presto schiacciarla!...

X

Non ero di natura a vivere come un tranquillo borghese alla campagna senz'occupazione alcuna, quantunque i mezzi mi avessero concesso di passarmela con delle buone rendite. Mi abbisognava Parigi, co' suoi numerosi piaceri. Avevo bisogno della febbre del giuoco, dell'emozione del delitto, dei pericoli di sfidare, delle lotte a sostenere; mi abbisognava di quest'esistenza che mi abbrucciasse il sangue e finisse coll'usare gli slanci selvaggi della mia natura indomabile.

Accadde una volta ch'io rimasi assente durante tre giorni. Al mio ritorno a Bourg-la-Reine, trovai Severina pazza di dolore e d'inquietudine. Era stata a piedi fino a Parigi per cercarmi, perchè avevo lasciata senza danaro, ed era rimasta un giorno intero errando per

---

55

objetivos de divulgar a língua italiana, entreter os leitores e fornecer noticiário cultural.

Por outro lado, com o progressivo aumento da imigração italiana, em meados do século 19, o surgimento de jornais escritos em italiano tornou-se sensível. Aos poucos, essa imprensa adaptou-se ao público formado por pessoas simples, agricultores e comerciantes, que formavam o público a ser atingido. Os principais títulos desse período foram *L'Emigrante, l'Operário Italiano, La Voce de Popolo* e *Il Brasile*, entre outros, até o surgimento do primeiro diário, *L'Italia*, fundado por Giovanni Fogliati, que circulou a partir de 1880. Mesmo assim, até o final do século 19, a imprensa italiana teve que conviver com poucas pessoas aptas a lerem essa produção jornalística, devido ao analfabetismo de muitos, ao uso de dialetos e desconhecimento do idioma oficial.

Em São Paulo, o primeiro jornal em língua italiana foi o *Garibaldi*, de 1870, seguido, num movimento ininterrupto, por *La Gazzetta Italiana*, de 1875, *L'Italia Unita* (1878), *L'Eco d'Italia* (1879), *L'Italia* (1880). Em 1881, Giovanni Luglio fundou o *La Voce del Popolo*, depois transformado em *La Voce d'Italia*. Em 1891, um grupo de italianos fundou *Il Bersaglieri*, diário, e na passagem para o século 20 surgiram inúmeros títulos, como *L'Aquila Latina* e *Il Diritto* e o semanário *L'Itália* (1902).

Assim, desde as origens até 1940 existiram no Brasil 500 publicações escritas em língua italiana, sendo quase 300 em São Paulo. O auge dessa imprensa ocorreu entre 1890 e 1920 e foi importante para a difusão da língua e da cultura italiana em terras brasileiras.

Superando barreiras

Na segunda metade do século XIX, com a chegada de mais e mais levas de imigrantes, foi possível formar um mercado consumidor para a imprensa em língua italiana, principalmente em São Paulo. Em 1870, quando essa imprensa surgiu em São Paulo – marcada pelos títulos *Garibaldi*, *Il Movimento* (1872), *Il Corriere d'Italia* (1880) e *L'Eco d'Italia* (1882) e o *Il Pensiero Italiano*, o primeiro diário de São Paulo –, as publicações preocupavam-se, sobretudo, com a difusão cultural, com a defesa da língua italiana e notícias sobre agricultura e comércio.

Em geral, as primeiras publicações dos italianos "tratavam de bem pouca coisa: pequenas notícias, fatinhos, curiosidades, fofocas, folhetins, propaganda de firmas e lojas de compatriotas, na maioria das vezes.[38] Muitas vezes se falava quase exclusivamente da Itália, notícias de agências e cópias de jornais italianos; os assuntos brasileiros ocupavam espaço exíguo e as notícias da coletividade limitavam-se à vida social e às

[38] CENNI, op. cit., p. 186.

As comunidades imigrantes e sua imprensa | Italianos

A inserção de anúncios, na maioria de negócios dos membros da comunidade, era um dos pilares da sobrevivência dos jornais da imprensa imigrante italiana. Ao lado, página publicitária do jornal *Avanti!*, 1908.
ACERVO ARQUIVO PÚBLICO DO ESTADO DE SÃO PAULO

comemorações patrióticas, já que os temas políticos eram delicados e os periódicos preferiam professar uma linha apolítica.

Somente com a criação de centros de cultura e a ação dos militantes operários o número de alfabetizados na colônia aumentou e deu novo impulso ao jornalismo da comunidade. Com a formação de um público leitor mais amplo dos jornais em língua italiana, principalmente nas cidades, ocorreu um processo de diversificação dos títulos e os leitores passaram a ter acesso a jornais de vários tipos, noticiosos, religiosos, humorísticos, revistas, almanaques, calendários, entre outros, além dos periódicos políticos que começavam a surgir.

De maneira geral, os jornais procuravam adequar seu repertório para atender aos interesses de seu público leitor e, ao ler um periódico destinado ao imigrante, o leitor envolvia-se num processo de duplo efeito envolvendo a recepção individual – identificação com as notícias e situações – e coletiva – envolvimento de um grupo em torno de sua identidade, cultura e causa comum.

Jornalismo de vários matizes

Para manter a intensidade da vida comunitária, os imigrantes italianos criaram muitas associações e escolas, mas seu elemento mais representativo e de maior impacto social foi a imprensa em idioma italiano, constituída por um grande número de jornais e revistas, publicados principalmente no período de 1880 a 1940. "A chamada grande imigração alimentou um número verdadeiramente incalculável de publicações de todo gênero e de todas as cores políticas que se dedicavam aos mais diversos assuntos e, na maioria dos casos, viviam ao deus-dará. Em 1907, somente na cidade de São Paulo contavam-se cinco diários em língua italiana: o *Fanfulla*, *La Tribuna Italiana*, *Il Secolo*, *l'Avanti* e o *Corriere d'Italia*."[39] Esses jornais eram as publicações mais importantes e influentes, conseguindo extrapolar os limites da colônia.

"Manter uma publicação diária ou periódica naqueles tempos constituía um dos mais difíceis jogos de equilíbrio, pois não havia grandes máquinas impressoras, a composição era feita à mão, com caracteres móveis, a publicidade era quase inexistente. Para os diários era difícil obter notícias procedentes de outras localidades da Europa, pois, no início, não existia serviços de agências telegráficas."[40] Diante das dificuldades para a manutenção desses jornais, boa parte deles não durou muito tempo. Muitos sobreviviam não somente com a venda de exemplares, mas

[39] CENI, op. cit. p. 342-343.
[40] Ibid., p. 342.

Il Pasquino Coloniale (1909), uma das mais importantes e populares publicações humorísticas da imprensa da comunidade italiana de São Paulo.
La Moda del Brasile, 1902, publicação da imprensa imigrante italiana destinada às mulheres e ao grande número de alfaiates presentes na comunidade.
ACERVO ARQUIVO PÚBLICO DO ESTADO DE SÃO PAULO

porque contavam com uma pequena ajuda de pessoas, na maioria das vezes compatriotas, que colocavam propagandas de suas empresas, negócios ou comércios nos jornais.

Superando as dificuldades ou sucumbindo ante a elas, a imprensa italiana cresceu e se diversificou, com o lançamento de impressos satíricos, humorísticos, religiosos, políticos, econômicos, entre outros. Os assuntos tratados eram principalmente relativos à colônia e aos problemas de trabalho. Evitavam-se os temas referentes à vida política brasileira. Com a diversificação, as publicações humorísticas tornaram-se as mais populares e numerosas, destacando-se *Il Pasquino Coloniale* (1909) e *Il Folli di San Paolo* (1904). Algumas publicações foram destinadas às mulheres – *La Moda del Brasile*, de 1902, e às crianças, *Mondo Piccino*, de 1917. Além desses, existiam periódicos clericais, como o *Cristoforo Colombo* (1900) e *La Squilla* (1906). Havia também jornais destinados a italianos de uma região específica, como, por exemplo, *Il Meridionale* (1908) e *La Ligúria* (1884).

O *FANFULLA*

Entre todas as publicações da imprensa em língua italiana, o *Fanfulla* – que surgiu em 1893, em São Paulo, por obra do jornalista italiano Vitaliano Rotellini – foi o maior e mais popular jornal publicado no Brasil. Rotellini trabalhara anteriormente em dois órgãos da imprensa em língua italiana no Brasil – *Messagero* e *L'Aquila Latina* – e "certo dia reunira em sua modesta casa da Rua 25 de Março, próximo à Ladeira Porto Geral, em São Paulo, um grupo de amigos fiéis para anunciar a fundação de um novo jornal cujo nome seria o de um célebre frade-soldado de Lodi, amante dos torneios e das batalhas, das armas reluzentes e do vinho generoso, aquele *Fanfulla* que se tinha tornado famoso não apenas pelas suas empresas temerárias, mas também pelos seus ditos chistosos".[41]

[41] CENNI, op. cit., p. 345-346.

As comunidades imigrantes e sua imprensa | Italianos

Edição bilíngue. O *Fanfulla* adapta-se à política de nacionalização empreendida pelo Estado Novo. Exaltação ao regime fascista é destaque nos noticiários.
ACERVO MEMORIAL DO IMIGRANTE

Surgido em 1893, o *Fanfulla*, fundado por Vitaliano Rotellini, tornou-se o maior e mais popular jornal em língua italiana publicado no Brasil.
ACERVO MEMORIAL DO IMIGRANTE

A publicação, inicialmente semanal, saiu com seu primeiro número no dia 17 de junho de 1893, ostentando o subtítulo *Giornale Politico Quotidiano Popolare*, e logo o *Fanfulla* progrediu para uma edição bissemanal e, finalmente, diária. O periódico humorístico-satírico se transformou na mais importante publicação da colônia italiana e, no final do século XIX, alcançava uma tiragem superior à de qualquer publicação italiana no Brasil e de muitos jornais brasileiros.

Com o tempo, o *Fanfulla* foi deixando o humor e a sátira para adotar um estilo sério e patriótico, engajando-se em diversas campanhas em defesa dos imigrantes italianos e pela necessidade de uma participação ativa e direta dos italianos residentes no Brasil no movimento político e administrativo nacional. "Durante muitíssimos anos foi o principal jornal e o porta-voz da coletividade italiana e soube alcançar uma importância confirmada por uma longevidade que não teve igual na imprensa italiana, não só no Brasil, mas de qualquer outro país."[42]

O *Fanfulla* acreditava que os imigrantes podiam lutar por seus interesses e que a conquista da projeção política por eles poderia ajudar no desenvolvimento dos seus negócios. O jornal defendia o trabalhador imigrante, mas não incentivava a militância política, como os jornais proletários. "O jornal *Fanfulla* propunha-se à tarefa ide-

[42] TRENTO, op. cit., p.191.

Ainda hoje o jornal *Fanfulla* circula com regularidade, trazendo notícias da Itália e mantendo informada a comunidade sobre aspectos da relação Brasil-Itália e da vida comunitária em geral.
ACERVO MEMORIAL DO IMIGRANTE

ológica de formar essa consciência nacional, mantê-la sempre forte na população imigrante, construir e valorizar a italianità, impedir que o imigrante esquecesse sua origem e sua pátria. Para isso, combatia a tendência regionalista e estimulava a união de todos os italianos."[43] Caracterizado por um trabalho sério e de denúncia, contribuiu ainda para organização e melhorias no sistema de migração e, muitas vezes, defendeu a continuidade da imigração.

De 1930 a 1942, o *Fanfulla* apoiou o fascismo, sendo usado como instrumento para divulgar o regime entre os leitores italianos no Brasil[44], e durante o Estado Novo teve que se adaptar à política de nacionalização, escrevendo editoriais e algumas matérias em português, devido à proibição do uso do idioma italiano. Em 1942, foi proibido de continuar sua publicação, voltando a circular em 1947. Saiu de circulação em 1965. Em 1966, foi fundado o *La Settimana* que, em 1979, passou a ser chamado de *La Settimana del Fanfulla*, sendo considerado um herdeiro do *Fanfulla*. Em 2001, voltou a ter o nome de *Fanfulla* e circula até os dias atuais.

Páginas que estampam correntes e ideias

Em sua trajetória, a imprensa em língua italiana foi marcada por um quadro vasto, que garantia amplos espaços a diferentes correntes ideológicas. Fossem anarquistas, socialistas, liberais, monarquistas, republicanos ou fascistas, o periodismo em língua italiana abria suas páginas no Brasil e se constituiu em fenômeno ímpar na história da imprensa no Brasil.

Um dos exemplos mais significativos da variedade temática e ideológica da imprensa em língua italiana em São Paulo pode ser vista nos jornais *Cristofaro Colombo* e *La Squila Cristofaro*. O primeiro era dirigido por Guglielmo Paolini e sua linha editorial caracterizava-se pela propaganda antiliberal, antimonárquica e antisocialista. Já o segundo, na mesma linha de uma imprensa ultraconservadora, surgiu em 1906 e durou pelo menos até 1937, ostentando o lema *"Deus, Pátria e Família"*, posteriormente adotado pelo movimento integralista brasileiro.

Um fenômeno italiano: a imprensa proletária

O fenômeno que dá a dimensão da importância adquirida pelo elemento italiano no movimento operário no Brasil é representado pelo enorme desenvolvimento da imprensa proletária em língua italiana em São Paulo.[44] Para se ter a ideia dessa presença, "de 149 títulos da imprensa operária em língua

---

[43] CONSOLMAGNO, Marina. *Fanfulla*: perfil de um jornal de colônia (1893-1915). Dissertação (Mestrado) – Universidade de São Paulo, 1993. p. 110.
[44] BERTONHA, J. Fabio. *A imigração italiana no Brasil*. São Paulo: Saraiva, 2004. p. 142.

As comunidades imigrantes e sua imprensa | Italianos

ACERVO ABADIA SÃO GERALDO

estrangeira no Estado de São Paulo, surgidos no período entre 1892 e 1902, 48 eram escritos em italiano."[45]

As primeiras publicações operárias em língua italiana em São Paulo foram *Il Messagero* (1891), *Gli Schiavi Bianchi* (1892) e *La Giustiza* (1893), seguidos, posteriormente, por importantes títulos que marcaram o periodismo operário no Brasil, como *La Bataglia*, *La Lotta Proletária*, *Avanti!*, *La Barricata*, *Germinal* e *L'Scure*. Por outro lado, mesmo os jornais escritos em português mantinham seções escritas em italiano, devido à predominância do italiano no seio do operariado paulista.

No caso da imprensa operária, o uso do idioma italiano não estava ligado a qualquer forma de preservação de identidades, mas à necessidade de se atingir a base onde a língua portuguesa não estava totalmente assimilada. No caso, a luta social, classista, sobrepunha-se a nacionalidade. Dessa forma, apesar de seus defeitos e limites, os jornais de esquerda escritos em língua italiana permaneceram como um ponto de referência na conscientização, mobilização e organização do operariado paulista, experiência que, mais tarde, seria tentada pelo movimento fascista.

Camisas-negras no Brasil: a imprensa pró e antifascista

Em 1927, a colônia italiana dispunha de 310 escolas e 17 mil alunos, a grande maioria em São Paulo. Existiam ainda 250 associações de natureza educacional para a "propaganda e a divulgação da cultura italiana". Em relação aos meios de comunicação, 31 publicações eram dirigidas exclusivamente à colônia italiana (4 cotidianos, 17 semanais, 2 quinzenais, 4 mensais e uma publicação sem periodicidade fixa). Entre elas, 18 eram feitas em São Paulo, 7 no Rio de Janeiro e as demais no Rio Grande do Sul.[46]

---

[45] TRENTO, op. cit p. 191.
[46] FERREIRA, Maria Nazareth. *A imprensa operária no Brasil,* 1880-1920. Petrópolis: Vozes, 1978. p. 90.

A esquerda italiana no Brasil mobilizou-se para combater a influência fascista, criando periódicos de nítido caráter antifascista entre eles, destacando-se: o *Itália Libera* e o *La Difesa*.
ACERVO CEDEM/UNESP

As comunidades imigrantes e sua imprensa | Italianos

Com a ascensão do regime fascista na Itália, em 1922, a questão da propaganda ideológica na colônia italiana no Brasil e em outras localidades torna-se um importante instrumento da política externa do regime. A principal questão ítalo-brasileira, até meados de 1930, dizia respeito à grande colônia estabelecida no Brasil e à preocupação em manter vivas a cultura e a língua italianas entre os italianos residentes por meio da criação das *Casas de Itália*. A propaganda ideológica fascista emprega, sobretudo, instrumentos tradicionais, como as conferências, a atribuição de bolsas de estudos a jovens brasileiros, viagens de estudos subvencionadas e a propagação das realizações fascistas por meio de publicações oficiais e da imprensa escrita em língua italiana.

Nos seus esforços de divulgação das realizações do governo fascista, o regime de Mussolini contou com o apoio de alguns jornais que já existiam em São Paulo, como o *La Tribuna Italiana* e o *Fanfulla,* e criaram outros, como o *Giovanezza* (1937), que difundiam o ideal totalitário no seio da colônia italiana. Muitas vezes, essas publicações tinham conteúdos diferentes e outras divergências que enfraqueceram o consenso fascista, que praticamente desaparece com a ação nacionalista do governo Vargas e a declaração de guerra aos países do eixo, em 1942.[47]

A nova busca das origens

No período entre as duas guerras, ocorreu um grande declínio da imprensa imigrante italiana, pois poucos italianos chegaram ao Brasil e os problemas aumentaram com o regime fascista. Nos anos 1940, durante o Estado Novo, houve a grande repressão política e a criação de medidas que proibiram o uso da língua italiana, que diminuíram o público leitor e abalaram os periódicos mais tradicionais. Com o segundo pós-guerra, os italianos que chegaram ao país tentaram reorganizar essa imprensa, mas pouco restou – o *Fanfulla*, alguns jornais mantidos pelo consulado, por associações e escolas e publicações dedicadas a originários de algumas regiões italianas.

Atualmente, o perfil da mídia ítalo-brasileira é bastante diverso e irregular, tanto na sua forma como no seu conteúdo. Não parece ter uma opção específica por determinados meios, estratégias ou discurso político, mas sim um contínuo aproveitamento dos eventos e instrumentos disponíveis às circunstâncias reais de sua produção, circulação e consumo. Jornais, revistas, programas de rádio e Internet se revezam ou se completam no trabalho de produção de uma identidade coletiva e a manutenção dos laços intercomunitários.

Os temas, em geral, giram em torno da relação entre os dois países e a seção bilíngue de notícias, em particular, traz informações sobre o Brasil e a Itália. O posicionamento político flutua em relação aos governos de plantão, de acordo com afinidades políticas e ideológicas. No percorrer do texto transparece o discurso nacionalista, centrado na nação e no povo italiano.

O perfil das publicações é bastante semelhante. São impressos de variedades, apresentando uma gama de assuntos, onde o elemento bilíngue predomina. Turismo, gastronomia, vida social e cultural da comunidade estão presentes nas páginas das publicações, que prestam auxílio aos oriundi em vasculhar os documentos familiares na busca de sua origem, no intuito de conseguir a tão desejada cidadania italiana e, consequentemente, o passaporte da Comunidade Europeia.

---

[47] SEITENFUS, Ricardo Antônio Silva. *O Brasil de Getúlio Vargas e a formação dos blocos:* 1930-1942. São Paulo: Companhia Editora Nacional, 1985, p. 40.

A colônia alemã de São Paulo, em 1870, podia ler o jornal *Colonie-Zeitung* (1861-1939), editado em Joinville, Santa Catarina, por Ottokar Dörffel. Devido às pressões provocadas pela Primeira Guerra, o *Colonie* rompeu pela primeira vez a tradição de ser editado em língua germânica. Por quase dois anos – de 6 de novembro de 1917 a 21 de agosto de 1919 - o jornal passou a chamar-se *Actualidade* (Atualidade) e a circular em português para facilitar a aceitação do periódico e evitar as perseguições do governo que não via com "bons olhos" a imprensa estrangeira.
ACERVO INSTITUTO MARTIUS-STADEN

As comunidades imigrantes e sua imprensa | Alemães

(...) o jornal publicará sempre um resumo, claro e compreensível, das mais importantes ocorrências mundiais, sobretudo dos fatos mais em evidência na Europa, dando atenção especial às coisas e à evolução dos acontecimentos nos países de língua alemã, (...)
Colonie-Zeitung, *Joinville, 20 dez.1862*

"Deutschtum", o patrimônio cultural alemão

As dificuldades enfrentadas ao longo do período de ocupação territorial ajudam a elaborar a figura do "pioneiro alemão" – como desbravador da floresta e fundador das colônias alemãs – que aparece frequentemente como tema da literatura teuto-brasileira. Superada a fase pioneira, formam-se as colônias baseadas na pequena propriedade familiar, caracterizada pela policultura, pela criação de animais e produção artesanal. Aos poucos, toma forma uma classe média rural de pequenos produtores, surge a pequena indústria familiar, artesanal, que prolifera até a década de 1940, sendo a industrialização iniciada em diversos núcleos urbanos em fins do século XIX (indústria têxtil, metalúrgica, couro, cerâmica, etc.).

A concentração em áreas restritas, isoladas da sociedade brasileira, facilita a manutenção dos costumes e o uso cotidiano da língua alemã. A carência de serviços públicos leva à formação de uma organização assistencial comunitária e à criação de uma rede escolar particular: a "escola alemã". Criada para atender às necessidades de ensino elementar da população estrangeira, aos poucos ela vai tomando feições étnicas, enquanto instrumento da germanidade e da perpetuação da língua e da cultura alemãs, o que também está na base das associações culturais, recreativas, esportivas e mesmo religiosas, que representam o que se conhece por *Deutschtum* – patrimônio cultural alemão.

O isolamento político, social e cultural das colônias alemãs propiciou o surgimento das primeiras manifestações de etnicidade, ainda no séc. 19, e encontram na imprensa teuto-brasileira a formalização por escrito da ideologia nacionalista, fundamental para a preservação da cultura ancestral entre os descendentes teutos. Para os alemães emigrados, o jornal deveria reforçar o sentimento de pertencimento. Pertencer a uma cultura, a um grupo de valores e costumes, a uma nação. Onde quer que estivesse, o imigrante deveria sentir-se ligado a algo fora de seu país residente, pois pertencia à nação alemã.[48]

Primórdios da imprensa paulistana

Em 1827, a imprensa paulistana deu seus primeiros passos, com a publicação do jornal *Farol Paulistano*, periódico político semanal, redigido em português, com tiragem relativamente pequena e que foi publicado até 1833. Nessa época, São Paulo possuía aproximadamente 16 mil habitantes, os jornais diários não existiam e a imigração alemã para a cidade e região dava seus primeiros passos com a formação dos núcleos coloniais de Santo Amaro e Itapecerica da Serra.

[48] AZEVEDO, Mônica Velloso . *O imigrante alemão no contexto das relações Brasil-Alemanha (1937–1945):* a campanha de nacionalização. Tese (Mestrado): Universidade Estadual do Rio de Janeiro, 2003.

No início, o *Germania*, primeiro jornal alemão de São Paulo, era publicado de maneira irregular e, mais tarde, passou a circular duas vezes por semana, saindo às quartas-feiras e aos sábados. Devido a uma série de dificuldades financeiras, no ano de 1879, Stieher participou aos seus leitores que suspenderia o jornal. A reação da colônia foi imediata e diversos comerciantes se uniram e fundaram, sob a direção de Carl Messenberg, uma sociedade anônima para assegurar a sobrevivência do jornal. Com o capital adquirido foi possível garantir o futuro do *Germania* e, em 1883, Gottfried Trebitz o assumiu como proprietário, mantendo-se à sua frente até a sua morte em 1919.
ACERVO INSTITUTO MARTIUS-STADEN

Somente em 1854, com a publicação do jornal *Correio Paulistano*, teve início em São Paulo a edição diária de um jornal, com uma tiragem relativamente grande e por um período estável, assinalando o início do período que resultaria na fundação de importantes órgãos da imprensa brasileira. Mas essa imprensa não atendia às necessidades de informação e comunicação dos alemães instalados no entorno da cidade de São Paulo, cerca de 2 mil habitantes no conjunto de 6 mil a 8 mil habitantes espalhados pelo estado. Essa população só tinha acesso ao noticiário em língua alemã por intermédio do jornal *Colonie-Zeitung*, publicado em Joinville e distribuído em São Paulo nas localidades de colonização alemã.

O *Colonie-Zeitung* representava uma das mais antigas e duradouras formas de imprensa imigrante no país. Já na década de 1850, surgiram aqueles que são considerados os jornais alemães mais antigos, como o *Der Kolonist*, em Porto Alegre, e o *Der Einwanderer*, no Rio de Janeiro. A eles seguiram-se, além do *Colonie-Zeitung*, o *Deutsche Zeitung* (1861) e o *Koseritz Deutsche Zeitung* (1882), ambos de Porto Alegre. Região marcada pela colonização alemã, o sul do Brasil assiste ao nascimento de outros jornais escritos em alemão como, por exemplo, o *Deutsches Volksblatt*, Porto Alegre; o *Blumenauer Zeitung* e o *Urwaldsbote*, Blumenau-SC; e o *Serra-Post*, Ijuí-RS, para citar apenas alguns.

Germania: o primeiro jornal alemão de São Paulo

Na década de 1870, com o constante crescimento da colônia alemã em São Paulo e o significativo número de teuto-brasileiros cultos, mas que ainda não dominavam suficientemente a língua portuguesa, a necessidade de edição em São Paulo de um jornal em língua alemã tornou-se premente, apesar de não ser um empreendimento fácil na época.

Iniciativa de Otto Stieher, em 7 de abril de 1878, surgiu o primeiro jornal alemão em São Paulo, o *Germania*. A ideia de Stieher era fundar uma escola alemã em São Paulo, utilizando-se para isto de um órgão de imprensa em língua alemã, daí a fundação do *Germania*, que seria absorvido pelo *Deutsche Zeitung* (Jornal Alemão de São Paulo) em 1923.

As comunidades imigrantes e sua imprensa | Alemães

O primeiro número do *Freie Presse* e seu fundador, Heinrich Grobel.
ACERVO INSTITUTO MARTIUS-STADEN

Ao *Germania* seguiu-se o *Freie Presse* (Imprensa Livre), surgido em 1889. Fundado por Heinrich Grobel, o *Freie Presse*, a partir de 1891, passou a ser o primeiro jornal teuto-brasileiro a ser publicado diariamente e conhecido como *Deutschbrasilianische Presse* (Imprensa Alemã Brasileira). Em 1884, sua publicação precisou ser suspensa.

1897: nasce o *Deutsche Zeitung*

Era comum os jornais em língua alemã no Brasil refletirem-se na imprensa dos partidos políticos do Império Alemão, ou seja, fiéis à monarquia e alemão-nacionalista. Essa também era a base inicial do *Germania*. Com o tempo, porém, o jornal se posicionou de maneira cada vez mais liberal, não poupando críticas severas em relação a negócios internos alemães, utilizando uma linguagem mais radical e democrata. Essa tendência não foi aceita sem protesto por uma parte da colônia alemã e muitos de seus leitores se afastaram do *Germania*. Esse distanciamento entre leitores e jornal atingiu seu ápice em 1896, quando o editor Willy Epstein redigiu um artigo polêmico sobre o aniversário do imperador, fato que levou grande parte dos leitores a abandonar o jornal. Como consequência, em 12 de junho de 1897, Carlos Jepp e Johann Paul Lehfeld fundaram o jornal *Deutsche Zeitung*. Vários colaboradores conhecidos deixaram o *Germania* e se associaram ao novo veículo que se torna, desde então, o principal órgão de comunicação da colônia alemã.

Em 1906, Rudolf Troppmair assumiu a direção do negócio, convenceu os comerciantes e fabricantes alemães a fazerem contribuições financeiras através da inserção de anúncios e transformou o jornal, tornando-o importante veículo publicitário, sem negligenciar a parte noticiosa voltada para a comunidade. As páginas do *Deutsche Zeitung* espelhavam o vertiginoso crescimento de São Paulo e a prosperidade de boa parte da comunidade alemã da cidade, por meio da diversidade de atividades a que se dedicava. Logo, o *Deutsche Zeitung* tornou-se um referencial da organização da população de língua alemã de São Paulo, mantendo, também, contato com outras colônias menores e suas associações, publicando, com regularidade, anúncios sobre seus eventos locais.

Em 1913, a tipografia foi equipada com o que havia de mais moderno em máquinas e, com a eclosão da Primeira Guerra Mundial, em 1914, instalou-se um serviço telegráfico para prover seus leitores com as últimas notícias vindas da Alemanha. Para divulgar essas notícias também para a população que só falava português, o *Deutsche Zeitung* adicionou um suplemento em português, além de publicar artigos de jornalistas brasileiros e artigos de diversos e importantes jornais europeus.

Com o ingresso do Brasil na Guerra, em 1917, e a consequente proibição de impressos em língua alemã, esses foram substituídos por escritos em língua nativa e os comunicados tendenciosos sobre a Alemanha foram evitados. Somente em 1919 o jornal voltaria a ser publicado em alemão.

Em 1923, o *Deutsche Zeitung* acabou comprando a publicação da qual se originara, o jornal *Germania*. Como ocorrera em 1917, durante a Segunda Guerra Mundial o *Deutsche Zeitung* foi proibido de circular e sua gráfica foi confiscada. Atualmente, o tradicional jornal circula em edição semanal, dando ênfase ao noticiário da comunidade de língua alemã e às relações Brasil-Alemanha.

Imprensa alemã em São Paulo no pós-Primeira Guerra Mundial

Em São Paulo foram publicados, no período pós-Primeira Guerra Mundial, vários jornais alemães, dos quais, no entanto, em função da forte concorrência do *Deutsche Zeitung*, nenhum conseguiu se estabelecer de forma duradoura. O *Deutsche Zeitung*, praticamente um veículo oficial da comunidade, mantinha os melhores contatos com os comerciantes, profissionais liberais e industriais alemães, o que não acontecia com os demais jornais.

Suásticas em território verde-amarelo

Desde 1852, com o *Der Kolonist*, editado em Porto Alegre, aparece uma imprensa específica nas regiões de forte concentração ger-

Carlos Jepp e Johann Paul Lehfeld, fundadores do *Deutsche Zeitung*.
FOTOS ACERVO INSTITUTO MARTIUS-STADEN

As comunidades imigrantes e sua imprensa | Alemães

mânica. Inicialmente de caráter estritamente urbano, a imprensa de língua alemã em pouco tempo dissemina-se pelo interior do país, conforme demonstra o aumento de tiragem do importante jornal *Deutsche Zeitung*, também de Porto Alegre, que atinge 55 mil exemplares no ano de 1928.

Utilizar-se dessa penetração dos periódicos nas comunidades alemãs instaladas no Brasil e criar uma imprensa pró-nazista foi um dos principais objetivos da diplomacia germânica nos anos que antecederam a Segunda Guerra Mundial. Além da fundação de novos jornais em língua alemã, como o *Deutsche Morgen* (Aurora Alemã), em São Paulo, e o *Neue Deutsche Zeitung*, em Porto Alegre, a embaixada alemã dispôs de um fundo financeiro anual para subsidiar a imprensa pró-nazista brasileira, além de exercer grande influência no Brasil através do noticiário da agência *Transozean*, sucursal da *Deutsche Nachrichtenbüro*, comandada por Joseph Goebbels.

Os nacionais-socialistas lançaram o *Deustscher Morgen* para expressar, sob um viés racista, o renascimento da nação alemã e a formação de um poderoso Estado germânico. Os nazistas pretendiam, principalmente através das páginas do *Deutscher Morgen*, influenciar a sociedade brasileira e sua vida política, tendo como alvo de atuação a comunidade alemã, com o intento de despertá-la para uma nova era e integrá-la ao movimento nazista. Combater o comunismo, disseminar o antissemitismo e propagar o ideal nacional-socialista, centrados principalmente nos discursos de Hitler, constituíam o conteúdo do *Deutscher Morgen*, publicado em São Paulo entre os anos de 1932 e 1941. Estimulando um frenesi nacionalista, o jornal apresenta Hitler como o redentor da raça alemã mediante a exaltação do orgulho nacional: *"Adolf Hitler é a Alemanha. A Alemanha é Adolf Hitler"*. Em suas edições, compondo com o nome do jornal – A Aurora Alemã – três símbolos reafirmam a mensagem propa-

Teutonia Morgen-Blatt, 1922–1926, *Tageblatt für Brasilien* (Jornal Diário para o Brasil), 1923-1925, transformou-se em *Paulistaner Zeitung* (Jornal Paulista) até 1926. O *Brasil-Kurier*, (Brasil-Correio-Semanário), 1923–1928, o *São Paulo Staats-Zeitung* (Semanário Alemão), 1926, e o *Neue Deutsche Tageszeitung* (Novo Jornal Alemão Diário), 1930, são os jornais em língua alemã que apareceram no período pós-guerra em São Paulo.
ACERVO INSTITUTO MARTIUS-STADEN

Em 1926, aparece o *São Paulo Staats-Zeitung* (Semanário Alemão). Mais um representante da força da imprensa em idioma alemão editada em São Paulo, entre os anos 1920 e 1930.
ACERVO INSTITUTO MARTIUS-STADEN

gada pelo nazismo: a águia, a suástica e o sol. A águia, escolhida pelo simbolismo solar, representa aquela (a Nação alemã) que olhava o sol de frente, sendo esse o símbolo da luz e da fecundidade. Importante ressaltar que, para o nazismo, o *III Reich* era o reino da luz que viera libertar o homem do reino das trevas, dominado por judeus e comunistas. A suástica é um símbolo quaternário cujas pontas representam expansão e dinamismo.

Combatendo os "súditos do Eixo"

O flerte inicial entre o governo Vargas e o regime nazista logo se dissipou. Entre 1938-1942, o alemão passa a ser visto como um perigo ideológico étnico, visto como "alienígena" ao "Homem Novo" que se desejava construir. A partir de 1942, com a entrada do Brasil na Segunda Guerra Mundial ao lado dos Aliados, esse perigo ganha uma nova dimensão, transformando-se em "militar e ideológico".

Tentando passar a imagem, no exterior, de um governo anti-Eixo, anticomunista e, por fim, liberal, Vargas reprime os nazistas em território nacional e afasta a influência germanófila em seu governo. Há uma ação repressiva sistematizada da polícia política aos nazistas e simpatizantes do nazismo estendida a todos os alemães, que passam a ser considerados "súditos do Eixo", com controle efetivo sobre o trânsito desses estrangeiros através da exigência de salvo-condutos e de autorizações para as transferências de residência, confisco de rádios e máquinas fotográficas e proibição de fixar residência em locais considerados estratégicos, como o litoral brasileiro.

Porém, é importante destacar que a perseguição aos alemães foi uma perseguição datada e se concentrou no período de 1942 a 1945, a partir do momento em que o Brasil rompeu relações diplomáticas com a Alemanha. No pós-guerra, nas regiões de forte densidade alemã, jornais nessa língua voltaram a circular normalmente, cabendo ainda ressaltar que, se o nazismo conseguiu arregimentar corações e mentes em terras brasileiras, subsistiu uma imprensa abertamente hostil a Hitler e antinazista, como o *Deutsches Volkblatt*, de Porto Alegre, que a todo custo a diplomacia nazista tentou silenciar.

Novidade no pós-guerra

Em processo similar ao ocorrido com a imprensa de outras comunidades imigrantes, a imprensa em língua alemã no Brasil, a partir dos anos 1950, passou a seguir uma nova linha editorial, que privilegiava reportagens nacionais e internacionais, noticiário político e econômico, além de informações culturais e amplos comentários sobre eventos, locais de associações e instituições teuto-brasileiras. É nessa fase que surge, em São Paulo, o semanário *Brasil-Post*, fundado em 1949

As comunidades imigrantes e sua imprensa | Alemães

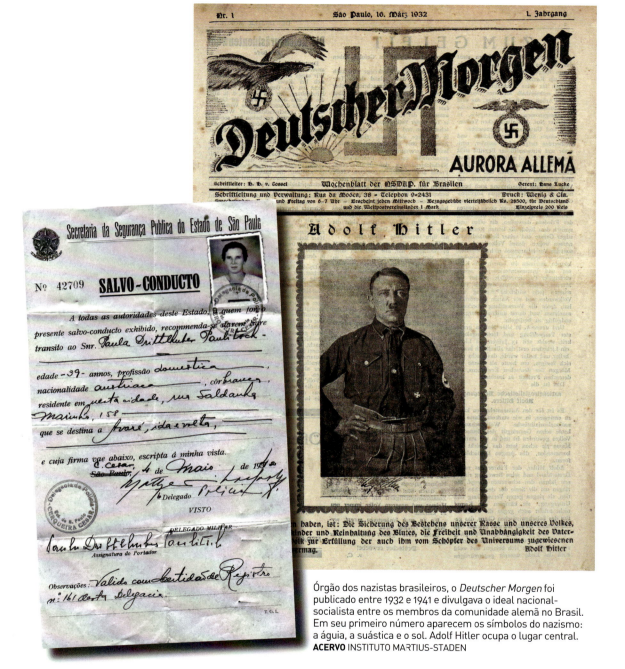

Órgão dos nazistas brasileiros, o *Deutscher Morgen* foi publicado entre 1932 e 1941 e divulgava o ideal nacional-socialista entre os membros da comunidade alemã no Brasil. Em seu primeiro número aparecem os símbolos do nazismo: a águia, a suástica e o sol. Adolf Hitler ocupa o lugar central.
ACERVO INSTITUTO MARTIUS-STADEN

por Carlos Henrique Oberacker. Ao lado do centenário *Deutsche Zeitung*, o *Brasil-Post* mantém a tradição e o vigor da imprensa em língua alemã de São Paulo, onde atua em prol da preservação da língua e da cultura dos imigrantes e ajuda a manter a identidade cultural de seus antepassados. Hoje, com uma tiragem de 20 mil exemplares, o jornal é distribuído em 16 estados brasileiros – principalmente nos do sul do país, que tiveram colonização alemã, e em São Paulo – e nos países de língua alemã da Europa.

Grupo de imigrantes japoneses em caçada no interior de São Paulo. Ao centro, Seisaku Kuroishi, fundador do *Notícias do Brasil*.
ACERVO MUSEU HISTÓRICO DA IMIGRAÇÃO JAPONESA NO BRASIL

As comunidades imigrantes e sua imprensa | Japoneses

Dois japoneses juntos formam uma associação e três fundam um jornal
Jeffrey Lesser

O "farol orientador da sociedade"

Segundo Tomoo Handa[49], "antigamente, onde houvesse certa concentração de japoneses e uma sólida Associação Japonesa ou Associação de Jovens havia a publicação de um jornalzinho da entidade." De impressão rudimentar, artesanal, nesses periódicos, segundo o pesquisador, eram defendidos ideais da administração do núcleo colonial, eram anunciados poemas clássicos japoneses, notícias de matrimônios e até artigos sobre moças solteiras da comunidade. O jornal era a principal atividade no âmbito cultural e desempenhava uma importante função informativa e integradora da colônia, além de trazer notícias de conterrâneos espalhados por outras regiões e da mãe-pátria distante. Seguindo a tradição japonesa, o jornal deveria ser "o farol orientador da sociedade" e o hábito japonês de ler os seus periódicos (shimbuns) apareceu poucos anos após a chegada dos pioneiros, a bordo do Kasatu Maru, em 1908.

Foi no início de 1916 que surgiu aquele que é considerado o primeiro jornal da comunidade japonesa no Brasil – o semanário *Shukan Nambei* (América do Sul), escrito todo em idioma japonês e lido pela maioria da coletividade japonesa espalhada pelos núcleos coloniais. Em agosto desse mesmo ano, foi lançado o *Nippak Shimbun* e, no ano seguinte, o *Brasil Jihô* (Notícias do Brasil). Em 1921, com o lançamento do *Seishu Shimpo*, com-

pleta-se a fase inicial de uma história que alcança seu auge nos anos 1930, com o aumento da quantidade de veículos de comunicação em língua japonesa na proporção da chegada de novos imigrantes ao País. Era uma época de efervescência política e de fortalecimento do nacionalismo, o que estimulava a busca de informações – tanto da terra natal, como do Brasil e da comunidade nipo-brasileira.

O *Nambei*: nasce a imprensa japonesa no Brasil

Iniciativa do jornalista Kenichiro Hoshina, o semanário *Nambei* surgiu em janeiro de 1916 e lançou as raízes do periodismo em língua japonesa no Brasil. Tinha como alvo a comercialização de terras na região de Presidente Prudente e nele destacavam-se as matérias voltadas aos assuntos político-econômicos do mundo, atualidades do Japão, cotação dos preços de produtos básicos, coluna literária e notícias sobre as atividades dos imigrantes japoneses no Brasil. Para os núcleos coloniais espalhados pelo Estado de São Paulo, carentes de notícias, o *Nambei*, cuja existência durou cerca de um ano, supria as necessidades informativas.

No mesmo ano em que foi lançado o semanário *Nambei*, no dia 31 de agosto era fundado o jornal *Nippak Shimbun*, semanário dirigido por Akisaburo Kaneko e Shungoro Wako. Para Tomoo Handa, o *Nippak*

[49] HANDA, Tomoo. *O imigrante japonês*: história de sua vida no Brasil. São Paulo: T. A. Queiroz, Centro de Estudos Nipo-Brasileiros, 1987. p. 202.

Os imigrantes nas colônias rapidamente organizaram a vida civil e comunitária nos moldes da distante terra natal. A primeira coisa que fazem ao constituir uma colônia é organizar uma kyōkai ("associação", entidade para tratar de assuntos comunitários) e construir um kaikan ("auditório", salão ou galpão que funciona como sede da comunidade). A segunda providência era cuidar da educação dos filhos. O sistema das colônias também propiciou a criação de uma imprensa em japonês para a comunidade no Brasil: os chamados "jornais da colônia".[50]
ACERVO MEMORIAL DO IMIGRANTE

só se tornaria efetivamente *Nippak*, ou seja, nipo-brasileiro como o nome diz, em 1919, quando sua administração passou para Saku Miura. O *Nippak Shimbun* defendia e incentivava a fixação dos japoneses na terra e a exploração de novos núcleos de imigração.

Refletindo-se no grande interesse dos japoneses pelo setor jornalístico, outro periódico que surge no período é o *Notícias do Brasil – Brasil Jiho* – comandado pelo experiente jornalista Seisaku Kuroishi, e imprimia cerca de 1.500 exemplares por edição em sua fase inicial, espantoso número para a época, visto o tamanho da comunidade japonesa no Brasil.

O *Brasil Jiho* desempenhou um importante papel no jornalismo nipônico em território brasileiro. Como sua impressão era nítida, foi o primeiro a ter tipos de impressão, máquinas gráficas e até trabalhadores qualificados, consequentemente possuía muitos leitores e, além disso, as aulas de português pelo jornal serviam para aprender a língua portuguesa e integrar o imigrante na terra que o recepcionava. O *Burajiro Jiho*, como era chamado na comunidade, tornou-se o maior jornal da época e atingiu a tiragem de 4 mil exemplares.

Nos jornais, os colonos se interessavam menos por notícias do consulado ou da companhia de imigração e voltavam suas atenções para os folhetins publicados na primeira página, que eram aguardados ansiosamente toda semana, para saberem da continuidade da história que ocupava duas ou três colunas. Na época, segundo Tomoo Handa, havia páginas onde eram publicadas as notícias do Japão, muito mais em quantidade e destaque do que as próprias notícias da colônia ou do Brasil. Em geral, os jornais em língua japonesa davam muito mais importância às transformações no Japão do que aos acontecimentos brasileiros, em clara demonstração que a cabeça do imigrante voltava-se preferencialmente a sua terra natal. Para muitos, era um jornalismo de "cola e tesoura", elaborado a partir do noticiário dos jornais japo-

---

[50] História da Imigração japonesa. Parte 2. *Nossa História*. Disponível em: <imigracaojaponesa.com.br>. Acesso em: 8 jun. 2009.

As comunidades imigrantes e sua imprensa | Japoneses

neses. Mesmo assim, nos dez anos seguintes, o *Nippak Shimbun* e o *Brasil Jiho* dividiram entre si os debates e as paixões do mundo jornalístico destinado à comunidade japonesa no Brasil. Ao lado dos dois maiores jornais da colônia, outras publicações de vida efêmera surgiram, como é o caso da revista mensal *Nambei Hyoron* (1923), que depois passou a se chamar *Nambei-Shinpo* e, em seguida, *Nihon-Shimbun*.

Páginas em disputas

Apesar de suas vinculações às empresas colonizadoras e à política de relações exteriores do Estado japonês, os veículos de comunicação localizados no Brasil, algumas vezes, desviavam-se de seus princípios. Nessas horas, o que falava mais alto era a subjetividade de seus editores e sua posição diante do processo de imigração e de integração do japonês à sociedade brasileira. Exemplo disso foi que as críticas ao processo de imigração feitas por Saku Miura, nas páginas do *Nippak Shimbun*, incomodaram as autoridades brasileiras e, principalmente, as japonesas. O lançamento da publicação *Brasil Jiho*, logo em seguida, tinha como um dos propósitos amenizar os latentes conflitos expostos na "colônia" pelo *Nippak Shimbun*.

O *Nippak Shimbun* apresentava uma linha editorial condizente com o espírito liberal de Miura, cujas críticas contra os abusos de autoridades e contra a própria diplomacia japonesa possibilitaram que o jornal angariasse bastante popularidade entre os descendentes e um número igual de inimigos. O *Nippak Shimbun* foi o primeiro jornal a editar páginas em português. Na contramão, seu concorrente direto, o *Brasil Jiho*, de Seisaku Kuruishi, mantinha o compromisso editorial alinhado com os interesses do governo e das elites japonesas.

As atitudes dos dois jornais se refletiam no conflito central que emergia na "colônia"

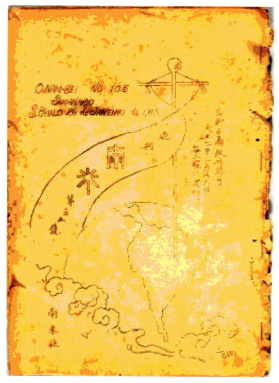

Nambei: primeira iniciativa, em 1916.
ACERVO MUSEU HISTÓRICO DA IMIGRAÇÃO JAPONESA NO BRASIL

nipo-brasileira: assimilar os valores da cultura hegemônica, via aprendizado da língua portuguesa, ou garantir a língua japonesa e os valores tradicionais da cultura de origem. Nesse sentido, enquanto o *Nippak Shimbun* representava os interesses dos primeiros, o *Brasil Jiho* representava o segundo segmento, mais conservador. Em suas páginas, o *Nippak Shimbun* já previa e defendia a possibilidade de permanência dos japoneses e descendentes em solo brasileiro, enquanto o seu oponente mantinha o discurso da temporalidade da emigração japonesa, por sinal, posição das autoridades japonesas e motivo de crítica da comunidade à "propaganda enganosa" das empresas japonesas.[51]

A partir de abril de 1927, o *Nippak* passou a ser publicado três vezes por semana,

---

[51] TOGO IORUBA (Gerson Miranda Theodoro). *Comunicação étnica*: mediações contemporâneas (imprensa negra, *nikkei* e indígena). Disponível em: www.sobretudo.org.br. Acesso em 8 jun. 2009.

e o *Brasil Jiho* passou a sair duas vezes por semana, a partir de outubro de 1931. Em 1934, o *Seishu Shimpô* (Notícias de São Paulo), fundado em Bauru, em 1921, passou a ser publicado em São Paulo, chegando à periodicidade de três vezes por semana, de setembro de 1935 em diante. Por fim, entre 1938 e 1939, para não serem deixados para trás pelo *Seishu Shimpô*, todos os jornais passaram a ter publicações diárias. Esse foi um marco das atividades jornalísticas, que passam gradativamente do estágio individual e artesanal para o de empreendimento maduro e bem-administrado, dando mais ênfase às notícias. O fim dessa fase ocorre em 25 de junho de 1940, quando o *Nippak Shimbun* mudou seu nome para *Brasil Asahi*, mesma época em que o periodismo nipônico no Brasil enfrenta a campanha de nacionalização implementada pelo governo Vargas.

Apesar do nascimento de outras publicações, até o início da Segunda Guerra Mundial, restavam três jornais da colônia japonesa de São Paulo: o *Nippak Shimbun*, o *Brasil Jiho* e o *Seishu-Shinpo*. Esses jornais foram fechados em agosto de 1941, consequência da política do Estado Novo, que impôs severas restrições às atividades dos japoneses e suas empresas e proibiu publicações de jornais, revistas e livros e também o ensino em língua japonesa. Apesar da proibição, algumas publicações mimeografadas e manuscritas circularam entre os japoneses. Essa imprensa artesanal foi o que restou até a criação de novas publicações que surgiram após os conflitos entre as facções da colônia japonesa: a crente no Japão vitorioso na Segunda Guerra Mundial (katchigumi) e a informada e ciente de sua derrota (matchigumi).

Um público ávido por informação

Além de suprir a colônia japonesa com informações e cumprir o papel de preservação da identidade do imigrante, os jornais

Brasil Jiho (Notícias do Brasil) e *Nippak Shimbun*, os mais influentes jornais da imprensa japonesa em São Paulo nos primórdios da imigração nipônica para o Estado de São Paulo.
ACERVO MUSEU HISTÓRICO DA IMIGRAÇÃO JAPONESA NO BRASIL

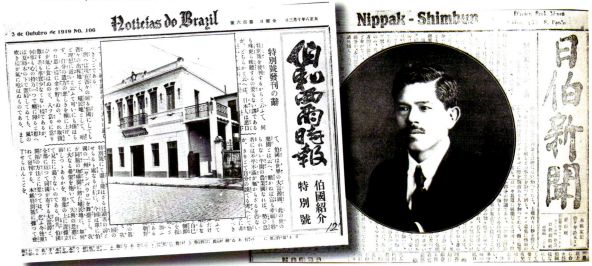

As comunidades imigrantes e sua imprensa | Japoneses

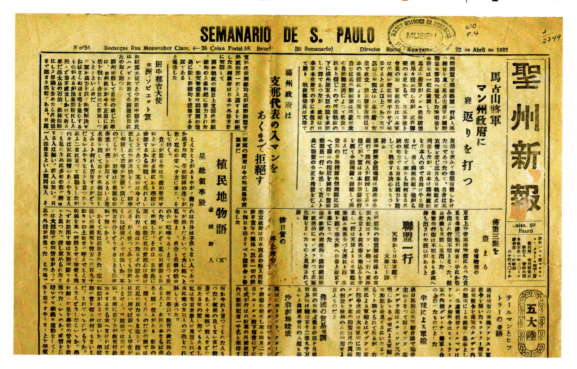

O *Seishu Shimpô* (Semanário de São Paulo) foi editado por um dos primeiros imigrantes a chegar ao Brasil, Rokuro Koyama, na cidade de Bauru, em 7 de setembro de 1921. No início, foi uma publicação semanal, com quatro páginas, destinada a suprir as necessidades de informação da população japonesa da região. A partir de 1935, transfere a sede para São Paulo e, em 1938, se transforma em diário, atingindo a marca de 9 mil exemplares de tiragem.
ACERVO MUSEU HISTÓRICO DA IMIGRAÇÃO JAPONESA NO BRASIL

atraíam a atenção e a fidelidade do leitor por seu conteúdo e, nele, a vida social comunitária constituía a principal fonte de atração. Sobre a vida social da colônia, além do noticiário regional, os jornais noticiavam os eventos, festas e confraternizações promovidas pelas diversas associações de imigrantes, destacando-se, em particular, as festividades de ano-novo e do aniversário do imperador, momentos em que, além de edições especiais, aumentavam as receitas publicitárias dos periódicos. Aliás, a quantidade e o tamanho dos anúncios publicados era uma boa demonstração do sucesso obtido pelos imigrantes em terras brasileiras. Os imigrantes que não sabiam ler o português inteiravam-se dos acontecimentos de São Paulo e das notícias econômicas através dos jornais japoneses. Ficavam a par da lista semanal de preços e da cotação do mercado dos produtos agrícolas. Notícias de escândalos, crimes, poesia e literatura também tinham espaço nos periódicos.

"No interior, até os cobradores que faziam a coleta das taxas de assinaturas e de anúncios eram chamados de jornalistas, pois os bate-papos com estes eram anunciados como notícias do interior. Por um lado, eles eram temidos por serem jornalistas, mas, por outro, eram aguardados com expectativa, pois as pessoas ficariam por dentro do que acontecia nos bastidores das redações e do que havia por trás dos artigos publicados nos jornais. À exceção de poucos e grandes estabelecimentos comerciais e firmas de importação e exportação bem instaladas que atendiam o público brasileiro, muitas empresas japonesas só ficaram conhecidas através dos anúncios em jornais. Lojas, hotéis, publicações do consulado, desaparecimentos, falecimentos e toda espécie de utilidade pública compunham o

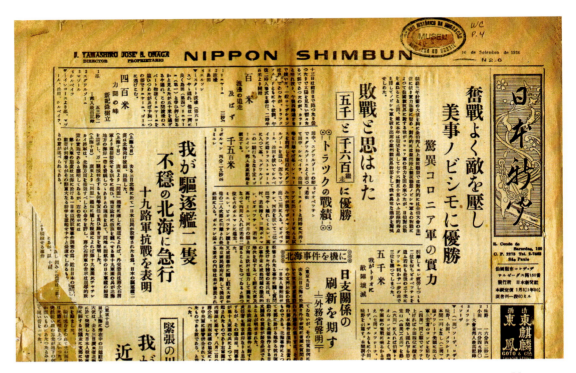

O *Nippon Shimbun* (Jornal Japão) foi lançado em 14 de janeiro de 1932 pelo sucessor do diretor-proprietário do Notícias da América Latina, Sukenari Onaga. Até 1939, era semanal, passando depois a sair duas vezes por semana, atingindo a tiragem de 5 mil exemplares.
ACERVO MUSEU HISTÓRICO DA IMIGRAÇÃO JAPONESA NO BRASIL

grosso da publicidade nos periódicos nipo-brasileiros."[52]

Se não havia festivais populares artísticos e concursos de calouros, como no pós-guerra, os jornais desempenharam importante papel para o aprimoramento cultural da colônia e sua inserção e socialização com a sociedade brasileira. Os jornais colaboraram decisivamente nos esportes, na literatura, em movimentos corporativistas, realizaram a comunicação espiritual entre os membros da colônia e, às vezes, serviam até de ponta de lança de brigas, mas o seu papel social e cultural no período foi imenso.

No epicentro dos conflitos políticos

Nos anos 1930, mais exatamente em 1932, a atmosfera política brasileira se agravou com o embate entre o governo Vargas e o governo do Estado de São Paulo. O processo deflagrado pela "Revolução Constitucionalista" envolveu toda a sociedade nacional e parte dos nipo-brasileiros foi favorável à assimilação da "brasilidade". Nesse sentido, o *Nippon Shimbun*, cuja linha editorial era favorável ao "abrasileiramento" do *nikkei*, passou a ser porta-voz desse anseio, colocando-se a favor da revolução. Assim, dos anos 1930 aos 1940 travou-se intenso debate no seio da nação nipo-brasileira a partir de duas posições antagônicas, ou seja, os que se mantinham convictos de seu não pertencimento ao Brasil e os que, gradativamente, incorporavam o modo nacional de viver e pensar. Em síntese, fixava-se o dilema sobre qual deveria ser o lugar do nipo-brasileiro. Para os favoráveis ao comportamento a partir da realidade brasileira, a adoção do hífen (nipo-brasileiro) poderia ser a forma contemporizadora, pois preservava a memória anterior à imigração e acrescentava a nova

---

[52] TOGO IORUBA (Gerson Miranda Theodoro). Comunicação étnica: mediações contemporâneas (imprensa negra, nikkei e indígena), www.sobretudo.org.br. Acesso em: 8 jun. 2009.

As comunidades imigrantes e sua imprensa | Japoneses

territorialidade brasileira. Nessa época, se destacou o jornal *Gakusei*, da Liga Estudantina Nipo-brasileira. Editado em português, procurava mobilizar a juventude *nikkei* em torno da "nipo-brasilidade" e conclamava a adesão à revolução paulista.

A Liga Estudantina Nipo-brasileira, em 1935, sofreu retaliações das autoridades japonesas e procurou resgatar sua credibilidade junto às empresas e ao governo japonês. Para tanto, fundou o *Gakuyu*, em língua japonesa e com maior tiragem do que o *Gakusei*. Com o endurecimento da política de Vargas obstruindo as escolas, associações da comunidade e proibindo impressos em japonês, a Liga foi interditada e colocada na ilegalidade, do mesmo modo que outro veículo, o *Transição*, editado em português.

O "vazio na informação"

Os jornais de língua japonesa exerceram grande poder como formadores de opinião ao longo da história dos nipo-brasileiros, principalmente, os da primeira geração. Com a Segunda Guerra Mundial e o rompimento das relações diplomáticas entre Brasil e Japão, em 29 de janeiro de 1942, teve início a série de restrições impostas pelo governo de Getúlio Vargas ao "perigo amarelo", resultando, primeiramente, na censura e, depois, na proibição de circulação dos jornais escritos em japonês. Esse fato criou, entre os imigrantes japoneses, "um vazio na informação", apontado como uma das causas de uma série de conflitos pós-guerra, cujo mais notório dizia respeito à derrota do Japão na guerra.

Os anos 1940 e as duas décadas seguintes vão se refletir na conjuntura mais dramática para a comunidade *nikkei*. A Segunda Guerra Mundial exacerba os conflitos até então simbólicos e as divergências emergem de forma violenta, com a ascensão de organizações voltadas ao culto aos antepassados em oposição ao movimento de "abrasileiramento". Os *nikkeis* liberais passam a ser vistos como inimigos do Japão e para combatê-los surgem, nesse período, organizações radicais como a Shindo Renmei e a Kokumin Zene-Tai.

Violentamente discriminados pelo núcleo ideológico do Estado Novo, os imigrantes japoneses passaram a viver em um limbo cultural e social que desestruturou suas comunidades. "A Segunda Guerra Mundial deixou uma profunda marca de mortes, dor e sofrimento no interior do grupo nipo-brasileiro em São Paulo, estabelecendo um corte histórico e de memória coletiva, muitas vezes submetido ao mais doloroso silêncio entre as novas gerações de filhos e netos de imigrantes".[53]

"Imprensa nissei": uma nova perspectiva

A Segunda Guerra Mundial (1939–1945) foi um duro golpe para os jornais japoneses, proibidos de circular. Quando eles voltaram à ativa, as notícias eram outras. Muitos imigrantes estavam trocando

O *Brasil Chu-Gai Shimbun*, jornal ligado à organização Shindo Renmei, facção da colônia japonesa crente na vitória japonesa na Segunda Guerra Mundial (katchigumi).
ACERVO ARQUIVO PÚBLICO DO ESTADO DE SÃO PAULO

---

[53] CYTRYNOWICZ, Roney. Efeitos e imagens da mobilização civil na cidade de São Paulo durante a Segunda Guerra Mundial. Artigo resumo de temas tratados na tese de doutorado da Depto. de História da FFLCH-USP, 1998. Guerra sem guerra: a mobilização e a constituição do "front interno" em São Paulo durante a Segunda Guerra Mundial, 1939-1945.

As comunidades imigrantes e sua imprensa | Japoneses

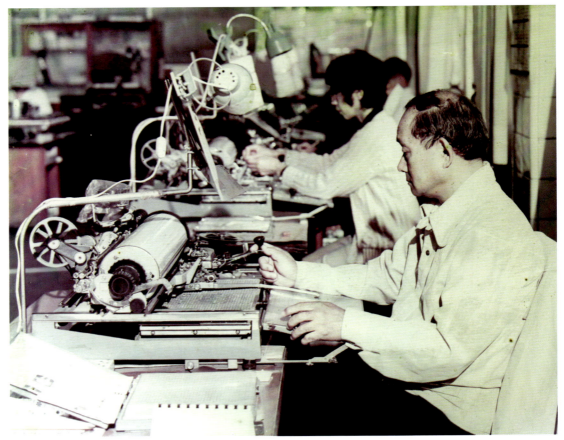

Máquina de ideograma japonês usada na redação do jornal *São Paulo-Shimbun*. Década de 1960.
ACERVO MEMORIAL DO IMIGRANTE

o interior pela capital e o Brasil já não era um lugar para enriquecer, mas um novo lar. Dessa época são os jornais *São Paulo-Shimbun* (1946), *Jornal Paulista* (1947) e *Diário Nippak* (1949).

Esses três jornais da colônia japonesa, que passaram a circular no pós-guerra, possuíam uma característica em comum: ter edição bilíngue, em japonês e português. O primeiro veículo a ser fundado foi o *Jornal Paulista*, em 1946, mas só passou a circular em 1947, devido às ameaças do grupo extremista *Shindo Renmei*, cujos integrantes pregavam a vitória japonesa na guerra e perseguiam os que acreditavam na derrota. Dessa forma, o primeiro jornal efetivamente a ser editado no pós-guerra foi o *São Paulo-Shimbun*, que circula até hoje, desde 1º de outubro de 1946. Mais tarde, em 1949, foi criado o *Diário Nippak*. Ambos adotaram uma linha de conciliação entre os japoneses e, para levantar o moral, voltaram-se para as atividades culturais e esportivas como forma de valorizar as tradições nipônicas.

A concorrência entre os três veículos prosseguiu até 1998, quando o *Jornal Paulista* e o *Diário Nippak* se juntaram, criando o *Jornal do Nikkey*. Uma ação que se refletia nos novos tempos em que desapareciam os imigrantes isseis, primeira geração de japoneses constituída por idosos em sua maioria, e aumentavam os nisseis e sanseis, jovens que não leem japonês.

Em 1946, com a promulgação da nova Constituição, novamente a imprensa de língua estrangeira voltou a ser permitida: o *São Paulo Shimbun* nasceu em 12 de outubro de 1946; o *Jornal Paulista*, em 1º de janeiro de 1947; e o *Diário Nippak*, exatamente um ano depois. Estes dois últimos nasceram com a proposta explícita de informar a verdade sobre o fim da guerra, conforme ressaltam os estudiosos. É importante observar que inúmeros jornais e revistas surgiram nessa época, mas foram esses três que se consolidaram no mercado editorial nipo-brasileiro.
ACERVO MUSEU DA IMIGRAÇÃO JAPONESA NO BRASIL

Imigrante japonês em Santa Cruz do Rio Pardo. Década de 1930
ACERVO MEMORIAL DO IMIGRANTE **COLEÇÃO** FAMÍLIA TAKIMOTO

Hoje, os jornais "da colônia" não conseguem exercer a mesma influência, principalmente na nova geração de descendentes de japoneses. Essa "imprensa nissei", inteiramente em português, busca outro universo – os envolvidos com o movimento *dekassegui* (quem ficou no Brasil e quem partiu para o Japão), os interessados em cultura japonesa (que raramente sabem ler japonês) e os interessados nos acontecimentos da comunidade e nos fatos do Japão.

Comunicação nikkei em português

Nos anos 1990, o surgimento de veículos de comunicação *nikkei* em português passa a redesenhar o futuro do jornalismo impresso destinado ao imigrante japonês em São Paulo: em 1992, foi fundado o jornal Notícias do Japão, atual *Nippo-Brasil*, a primeira publicação dirigida aos *nikkeis* escrita totalmente em português, e a revista *Made in Japan*, publicação mensal escrita em português e primeiro veículo brasileiro a ter duas redações, uma no Brasil e outra no Japão, circulando ininterruptamente desde outubro de 1997, simultaneamente nos dois países.

A revista *Made in Japan* destina-se preferencialmente aos leitores *nikkeis* – japoneses e seus descendentes –, formados pela globalização da economia, e seu conteúdo divulga valores e produtos da cultura japonesa contemporânea, fortemente ocidentalizada e capitalista. A revista detecta o processo de reorganização da comunidade *nikkei*, colabora na reconstrução de sua identidade e aposta no desenvolvimento de

As comunidades imigrantes e sua imprensa | Japoneses

uma economia globalizada, divulgando a tecnologia e os negócios juntamente com a cultura, a tradição, as belezas naturais e os costumes do Japão.[54]

Na mesma linha editorial, um dos principais órgãos do jornalismo impresso *nikkei* em circulação no Brasil é o *Jornal Nippo-Brasil*, fundado em 1992, com o nome de *Jornal Notícias do Japão*, semanário voltado às famílias que ficaram no Brasil dos primeiros *dekasseguis*, brasileiros que foram ao Japão em busca de trabalho. Pioneiro nesse segmento, o *Notícias do Japão* traz para as famílias de *dekasseguis* as notícias do Japão, país do qual tinham notícias através do universo nostálgico das gerações mais antigas. Em 1999, o título do jornal foi modificado para *Jornal Nippo-Brasil*, e o conteúdo passou a atender, de forma mais completa, a todas as necessidades dos leitores interessados na comunidade japonesa, tanto no Brasil como no Japão. Novas colunas foram introduzidas, foram lançadas as seções de cultura japonesa, culinária, saúde, mangá, eventos, entrevistas e assuntos de outros estados. Seu público leitor é formado, em sua maioria, por *nikkeis* (descendentes de japoneses) e brasileiros interessados na cultura japonesa.

Redefinição do papel

A imigração japonesa para o Brasil, oficialmente iniciada em 1908, é um marco para a história do trabalho e da agricultura no país. Nela, os meios de comunicação marcaram sua presença na formação e preservação da cultura *nikkei* – os japoneses e seus descendentes.

Na trajetória de assimilação e integração do elemento japonês à sociedade brasileira, os periódicos em língua japonesa documentaram as transformações pela qual a comunidade atravessou ao longo de um

século; e a história dessa imprensa registra a passagem dos imigrantes e seus descendentes da agricultura para a vida urbana e documentam o movimento de suas tradições para a assimilação e integração na sociedade brasileira. Essas publicações da chamada imprensa *nikkei* podem ser divididas em dois períodos distintos: antes e depois da Segunda Guerra Mundial. "No primeiro momento, os jornais eram um meio de integração e um elo dos japoneses com a terra natal. Traziam notícias sobre a colônia japonesa, assuntos ligados ao consulado e às companhias de imigração, atualidades sobre o Japão e até como fazer remessas de dinheiro para aquele país. Na segunda fase, desempenharam o importante papel no esclarecimento sobre a real situação do Japão no pós-guerra, atuaram na união dos japoneses no Brasil e passaram, em seguida, a ser um dos principais canais de difusão da cultura nipônica no País e referência para os descendentes que começavam a chegar às cidades."[55]

Hoje, a imprensa nipo-brasileira busca a redefinição de seu papel. A influência da internet, a maior cobertura de temas locais e a mudanças no público leitor, questões que ocupam o debate da mídia mundial também fazem parte do dia a dia da imprensa nipônica no País. Se, no início de sua existência, o jornalismo impresso foi a única forma de os imigrantes japoneses saberem o que ocorria no Brasil e no Japão, agora as informações chegam em quantidade através de novas mídias. E discutir e redefinir seu papel na comunidade é o desafio sobre o qual se debruça a maioria dos editores, e até a questão central – ter um jornal escrito em japonês – está sendo repensada. Superar as barreiras da língua, mudar o enfoque e a cobertura cada vez mais voltada para a comunidade são os desafios para os próximos anos.

---

[54] TOGO IORUBA op. cit.

[55] KOSHIYAMA, Alice Mitika. *Globalização e mídia nikkei no Brasil*. Revista Veredas. São Paulo, ano 3, nº 3, p. 35-45, 2004.

A fundação das sociedades de caráter mutualista, beneficentes ou recreativas foi um dos meios mais utilizados pelos espanhóis em sua inserção na sociedade brasileira. Através do auxílio mútuo mantiveram os padrões culturais ibéricos, estabeleceram padrões de comportamento e hábitos corporativos, em que podiam se reconhecer como pertencentes a determinado corpo social.
ACERVO MEMORIAL DO IMIGRANTE

As comunidades imigrantes e sua imprensa | Espanhóis

A presença espanhola em São Paulo, embora tangível, se esconde.
José Leonardo do Nascimento[56]

Espanhóis: peculiaridades de uma corrente imigratória

Pode-se afirmar que, desde a época em que Cabral desembarcou no Porto Seguro, constata-se a presença de espanhóis no Brasil, escrevendo sobre o Brasil, muitas vezes em espanhol.[57] Ainda que a primeira época áurea de estreitamento nas relações culturais entre os territórios hispânicos e lusitanos tenha sido o período da União Ibérica (1580-1640), a grande emigração em massa da Espanha ao Brasil aconteceu entre 1880 e 1930.

Os dados estatísticos sobre a imigração para o Brasil, particularmente para São Paulo, mostram que os espanhóis compõem o terceiro maior grupo a se estabelecer no país, superando em alguns momentos o número de italianos e portugueses. O auge dessa imigração se deu na década de 1910, quando cerca de 200 mil espanhóis radicaram-se no Estado de São Paulo. Após esse período, a imigração espanhola diminuiu, recuperando-se entre as décadas de 1950 e 1960, quando cerca de 120 mil espanhóis se dirigiram para cá.

Apesar de a política imigratória brasileira, estabelecida a partir de 1870, canalizar o grande contingente de mão de obra para os cafezais do interior do Estado de São Paulo, a maior parte dos imigrantes espanhóis aqui chegados, galegos e andaluzes em sua maioria, se dirigiu para os centros urbanos, onde se dedicaram ao comércio de comestíveis, ao ramo de hospedagem, à carpintaria, sapataria, alfaiataria e trabalhos domésticos.

Em São Paulo, como em outras localidades, os espanhóis tenderam a se misturar com a população local com mais rapidez, fator responsável, entre outras coisas, pela não existência de bairros tipicamente espanhóis na cidade, ao contrário do que ocorreu com os italianos e japoneses, por exemplo. "Embora fosse notável sua presença no movimento operário organizado, seus inícios relativamente modestos, sua dispersão geográfica e sua taxa muito lenta de mobilidade, tudo isso fez com que tivessem poucas instituições de assistência e bem-estar para cuidar de suas necessidades – uma norma bem diferente do que ocorreu com italianos e portugueses, com suas associações, escolas e hospitais muito poderosos e duradouros."[58]

Embora os dados oficiais a respeito do número de espanhóis entrados no Brasil, entre 1882 e 1939, não coincidam com exatidão, pode-se estabelecer que a cifra rondou os 570 mil imigrantes. Pessoas que em sua vida comunitária no Brasil criaram associações para se reunirem, prestarem socorros

---

[56] NASCIMENTO, José Leonardo do. *Trabalho e prestígio social:* os espanhóis em São Paulo. São Paulo. Hucitec, Imprensa Oficial, 2002, p. 22.
[57] QUINTELA, Antón Corbacho. *Os periódicos dos imigrantes espanhóis.* Anais do 2º Congresso Brasileiro de Hispanistas. Outubro de 2002. Disponível em: www.proceedings.scielo.br. Acesso em: 17 maio 2009.
[58] KLEIN, HERBERT. *A imigração espanhola no Brasil.* São Paulo: Sumaré, Fapesp, Idesp, 1994. p.47

No decorrer da segunda metade de século XIX, as dificuldades econômicas, causadas em grande parte por epidemias agrícolas, que prejudicaram sobremaneira as vinhas, fizeram com que a Espanha se interessasse em averiguar quais os países que poderiam oferecer melhores condições a cidadãos seus que emigrassem. O Brasil acabou por ocupar lugar privilegiado nessa busca, pois dava condições e vantagens aos imigrantes espanhóis, que nenhum outro país oferecia.
ACERVO ARQUIVO PÚBLICO DO ESTADO DE SÃO PAULO

mútuos e manterem vínculos com a pátria que ficara para trás. Nesses centros, um dos veículos acionados pelos imigrantes espanhóis, tanto para a proteção de sua identidade e seus interesses quanto para a divulgação de suas atividades e dos acontecimentos ocorridos na Espanha, foi a publicação de periódicos.

A imprensa do imigrante espanhol

O primeiro periódico brasileiro que contava com matérias redigidas em língua espanhola foi a *Revue du Brésil*, de 1896, com sede em Paris, sob a direção do jornalista italiano Alexandre D'Atri. A publicação bimensal era trilíngue – francês, italiano e espanhol –, confirmando o significativo público leitor estrangeiro, interessado em informações sobre o País. A revista era também muito lida pelos brasileiros residentes na Europa, assim como por aqueles em viagem por aquele continente.[59]

Apesar de informações dispersas darem conta da existência de um jornal em língua espanhola, já em 1871 – o *Correo Ibérico* –, oficialmente, no Brasil, o título mais antigo de um jornal espanhol de que se tem notícia é *O Socialista*, que circulou na capital paulista a partir de 1896. Órgão do Centro Socialista de São Paulo era redigido em português, italiano, espanhol e alemão. A ele seguiu-se o semanário socialista revolucionário *El Grito del Pueblo*, lançado em 1900 e administrado pelo intelectual Antonio Lago. Importante órgão da imprensa operária, vinha em edição trilíngue – português, italiano e espanhol –, confirmando o público-alvo de imigrantes em sua maioria.

No meio século, compreendido entre 1880 e 1930, perto de 15 periódicos em língua espanhola circularam em São Paulo, e, em 1900, destacavam-se os jornais *La Ibéria*, *El Correo Español*, *El Heraldo*, *La Voz de Espana* e *La Gaceta Española*, além de *El Grito del Pueblo*, dirigido por Everardo Diaz. Em 1897, José Eiras Garcia fundou o *La Voz de Espana*, seguido, em 1902, por outro periódico da comunidade espanhola, *La Tribuna Española*, fundado por Valentin Diego e que circulava em São Paulo e Santos todas as quintas-feiras.

Esses dados demonstram que a imprensa imigrante espanhola teve um número reduzido de títulos, quando comparada a outras correntes migratórias, apesar de a imprensa ibérica em São Paulo – lusitana e espanhola – atingir a uma tiragem de 15 mil exemplares nos primórdios do século XX. No conjunto desses jornais em língua espanhola da pri-

---

[59] QUINTELA,, Antón Corbacho. *Os periódicos dos imigrantes espanhóis*. Anais do 2º Congresso Brasileiro de Hispanistas. Outubro de 2002 – In: www.proceedings.scielo.br

As comunidades imigrantes e sua imprensa | Espanhóis

meira metade do século destacaram-se o *El Diario Español*, o mais importante e duradouro, e *La Nación*.

O Diario Español

O *Diario Español* surgiu em 1898 e sua vida se estendeu por 24 anos, desaparecendo em 1922, um ano após a morte de seu fundador Eiras Garcia, responsável, também, por outro periódico em língua espanhola, *La Voz de España*, que circulou a partir de 1900 e desapareceu pouco tempo depois.

"O *Diario Español* era uma empresa jornalística e isso talvez explique a sua relativa longevidade, num ambiente em que folhas se criavam e se extinguiam, provavelmente por falta de recursos, ainda que sua trajetória tenha sido pontuada de dificuldades financeiras."[60] Entre as estratégias de sobrevivência destaca-se a inserção de anúncios destinados não só à "colônia" e a atração dos elementos "bem-sucedidos" da comunidade.

As páginas do *El Diario* eram alimentadas por notícias das diversas regiões por onde se espalhava a colônia espanhola no estado de São Paulo, assuntos ligados à imigração e notícias de caráter doméstico, muitas vezes de teor sensacionalista. "As pautas internacionais eram bastante diversificadas e mesmo inusitadas, tratando de política a questões climáticas locais; catástrofes e naufrágios (Titanic); agitações populares e até prognósticos astrológicos."[61]

Nos seus centros, um dos veículos acionados pelos imigrantes espanhóis tanto para a proteção de sua identidade e seus interesses, quanto para a divulgação de suas atividades e dos acontecimentos ocorridos na Espanha, foi a publicação de periódicos.
ACERVO ARQUIVO PÚBLICO DO ESTADO DE SÃO PAULO

Casas de importação, estabelecimentos comerciais da colônia, hotéis, programações sócio-esportivas, festividades, etc. eram os principais anunciantes do *El Diario Español*. "A exclusividade inicial a anunciantes da colônia foi sendo progressivamente alterada para abrigar outras peças publicitárias, e, das empresas notadamente estrangeiras que passaram a divulgar em sua folhas, destacam-se especialmente as alemãs, pelo volume e variedade de produtos."[62]

[60] CANOVAS, op cit., p. 34.
[61] Ibid., p. 37
[62] Idem p. 37

ANO I   (BRASIL) S. PAULO, 20 DE AGOSTO DE 1899   **NUM. 2**

EL GRITO DEL PUEBLO

DEFENSOR DE LOS INTERESES DEL PROLETARIADO

Toda la correspondencia de Administración
y Redacción diríjase á A. Lago, RUA RIACHUELO, 34

Número suelto 100 réis
SUSCRIPCION VOLUNTARIA

A LOS COMPAÑEROS

Este semanario será publicado por subscripción voluntaria, y todas las cantidades que se remitan á la Administración serán publicadas en sus columnas para satisfacción de los donantes.

Escusamos recomendar á nuestros compañeros la mayor actividad en la propaganda de este pequeño adalid de la causa proletaria, pues sabemos sobradamente que su buen criterio y desinterés ha de mostrarse una vez más.

ALQUILER DE CASAS

El pueblo necesita rebelarse contra la avaricia de los propietarios de casas.

Los alquileres han sido elevados á precios excesivos.

Es verdaderamente deshumana la ganancia la arbitrariedad y la explotación que ejercen esos canallas, que, por medio del robo ó el engaño, han acaparado dinero y mandado construir casas.

Estos bandidos no se acuerdan nunca de que el origen de sus fortunas fué el robo.

Y el pueblo, por su parte, cual recua de caballerias, se deja sangrar por esos buitres, esos monstruos sin corazón, según decia Lutero, que les arranca mensualmente, muchas veces, el producto total de su trabajo.

En la crisis terrible que atravesamos; en un pais donde los tiranos han derrochado el trabajo del pueblo; donde se emiten clandestinamente centenas de millones de papel moneda, cuyo papel nada vale; donde los especuladores del comercio forman sindicatos de toda especie, monopolizando los géneros de primera necesidad; donde no hay empleo para tantos bra-

zos desocupados como se van por las calles; donde el pueblo sufre horrenda miseria; donde el trabajo es pésimamente retribuido, todavia los opresores, los detentores del capital, los esbirros de la propiedad privada, esquilman al pueblo con alquileres excesivos.

La ley que dá derecho de acción ejecutiva á los propietarios contra los inquilinos es la mayor iniquidad practicada por los legisladores burgueses en persecución de los proletarios.

Se han cometido los mayores actos de salvajeria contra muchos desgraciados que no podian pagar los alquileres.

El avaro propietario busca cualquier bachiller, esos lacayos del capital, y por medio de un mandato ejecutivo, van a casa del miserable inquilino acompañado de un ejército de soldados y oficiales de justicia, llevándose los muebles del infeliz, ¡la cama dura en que se acuesta y hasta las esteras van al depósito público!

Hay infelices padres de familia que después de sufrir estas violencias, han dormido á la intemperie con su esposa é hijos.

¿Y cómo no ha de suceder así?

Si los legisladores, los abogados, los jueces son servidores de la clase privilegiada son los hijos, los padres, los yernos, nietos ó consocios de los capitalistas, ¿cómo no han de hacer leyes que vengan en contra de los obreros, de los pobres?

Así pues, apelar á los poderes judiciales, a los tiranos, es perder el tiempo y gritar en el desierto.

El pueblo, esa masa que constituye el noventa por ciento de la sociedad, es la mayoría absoluta

es la fuerza, y como tal, no se comprende como se deja explotar por media docena de salteadores que amparados por el orden social presente, cometen los mayores crimenes y barbaridades con esta legión de desgraciados que los soporta pacientemente.

O el pueblo se rebela, ó muere bajo el peso de los bancos, los impuestos y el cambio.

¿Porqué no ha de ser posible al pueblo reunirse y en solemne comicio acordar una huelga general contra los propietarios de casas, dejando de pagar el alquiler?

La huelga es un derecho del débil contra el fuerte.

No se comprende como dos individuos naciendo desnudos, cubiertos de las mismas pieles, al cabo de 20 años, uno tiene calles de palacios, coches, mujeres cubiertas de sedas y de joyas para sus goces libidinosos, y el otro no tiene más que una estera donde tender sus huesos.

La propiedad es el trabajo robado al pueblo, y por eso no puede estar en poder de media docena de panzudos que dejan la masa general en la miseria.

¡Es un crimen que un individuo posea más de una casa, y millares de seres vivan en cortijos apiñados como moscas!

¡La justicia social debe ser hecha por el pueblo y no por los desalmados burgueses!

El individuo inteligente que sabe que otros hombres no tienen derecho á gozar más que él, que no quiere ser esclavo, ni máquina de producción, que comprende que la rebelión es un derecho, debe hacer causa común con nosotros, excitando á las masas,

El Grito del Pueblo, lançado em 1899, é um dos pioneiros da imprensa da comunidade espanhola em São Paulo. Administrado pelo intelectual Antonio Lago. Importante órgão da imprensa operária, vinha em edição trilíngue – português, italiano e espanhol –, confirmando o público-alvo de imigrantes em sua maioria.
ACERVO ARQUIVO PÚBLICO DO ESTADO DE SÃO PAULO

As comunidades imigrantes e sua imprensa | Espanhóis

O *La Voz de España* foi fundado e dirigido por José Eiras Garcia, em 1897, e circulou até 1912, quando foi substituído pelo *El Diario Español*, que logo se transformou no principal veículo de comunicação impressa da comunidade espanhola estabelecida em São Paulo.
ACERVO ARQUIVO PÚBLICO DO ESTADO DE SÃO PAULO

Noticiário sobre a política de imigração, a questão fundiária e as relações de trabalho entre imigrantes espanhóis e fazendeiros estavam entre os principais temas da pauta do jornal. Denúncias de não cumprimento de acordos, maus-tratos, querelas e a publicação de cartas relatando "infortúnios e passagens degradantes geralmente ocorridas nas contendas com os administradores das fazendas" ocupavam as páginas do Diário Español e atraíam uma grande quantidade de leitores nos diversos núcleos cafeeiros espalhados pelo estado de São Paulo.

Como ocorria com outros jornais espanhóis, o *Diario Español* possuía uma seção de "pessoas buscadas", onde amigos e parentes anunciavam o desejo de saber do paradeiro de pessoas que, em busca de trabalho e condições de vida melhores, se embrenhavam pelo interior do Brasil e perdiam o contato com amigos e parentes. "Nela, publicava-se o nome, a origem, a data de chegada e o suposto último domicílio do elemento procurado, num claro indicativo de como as famílias se desintegravam e perdiam o contato com seus membros também emigrados."[63]

Devido ao atraso dos meios de comunicação e ao povoamento disperso, "não era raro que os comerciantes espanhóis das pequenas aldeias do interior de São Paulo servissem de centros de comunicação para os membros da comunidade dos imigrantes.[64] Essas pessoas serviam também como fontes de informações sobre as condições de trabalho no local e até de protestos. As notícias sobre greves em fazendas ou abusos contra os imigrantes, vinham amiúde desses contatos.[65]

Outras seções bastante concorridas eram a de oferta de empregos e as publicações consulares, notadamente as de caráter militar. A maior parte da documentação dos consulados espanhóis no Brasil referia-se a inscrições ou pensões militares. Muitas vezes, as autoridades espanholas faziam uso das páginas dos jornais da comunidade para divulgar atos oficiais ou mesmo para localizar pessoas para regularizar documentação e efetuar pagamentos.

O conteúdo abrangia, ainda, tanto notícias dedicadas aos acontecimentos no Brasil quanto aquelas que se referiam à situação que se vivia na Espanha. Resenhas literárias, notícias sobre a imigração, comunicados gerais e o desenvolvimento das comunicações em São Paulo completavam a pauta do Diário Español.

---

[63] Idem p.39
[64] Uma interessante lista desses comerciantes espanhóis do interior, que somavam centenas, é dada no *Diario Español*, 18 de janeiro de 1913, p. 3. Eram comerciantes locais através dos quais os imigrantes podiam fazer assinaturas do jornal, bem como pagar pelos anúncios.
[65] KLEIN, op. cit.

José Eiras García[66]

"Nascido em Pontevedra (1866), José Eiras García tinha um grande estabelecimento tipográfico e uma livraria e combatia, em seu *Diário*, o caciquismo político, até que, ameaçado de prisão e de ter seus bens confiscados pela autoridade provincial, fez publicar tal ameaça, mesmo sabendo que assinava a sua sentença de morte. Depois disso, só lhe restou fugir de Pontevedra e acabou embarcando por Vigo no primeiro navio que saía para a América. Deixava mulher e filho. Chegou em Santos e veio a São Paulo, onde ocupou diversos postos em empresas tipográficas, mandando depois buscar a família. Aqui fundou o primeiro diário espanhol, que manteve com sacrifícios [...].

Logo assumiria um importante papel junto à colonia, na defesa de seus interesses, mesmo ante a autoridade consular. Certa feita, fruto de uma denúncia formal que encaminhou ao presidente do Conselho de Ministros, em Madri, acusando o cônsul local de estar negociando as passagens dos repatriados, este foi destituído. Foi um dos fundadores da Sociedad Española de Socorros Mutuos (1898) e seu primeiro presidente.

Também eram conflituosas as suas relações com os fazendeiros, provavelmente em função do crescente volume de espanhóis já instalados no núcleo cafeeiro e do acirramento das relações entre fazendeiros e colonos. Nesse sentido, é nítida a abordagem mais agressiva com que o EDE (leia-se Eiras García) passou a encaminhar as questões de violência contra os paisanos por parte dos fazendeiros que lhe eram relatadas.

O discurso agora vigente e que ganhava as primeiras páginas denunciava: *es sabido que aqui las garantias son letra muerta cuando las invoca el humilde, el flaco, el explotado (...), contra la brutalidad de hacendados* (EDE 17.2.1922) e acusava a falta de respeito dos fazendeiros que não cumpriam os contratos e maltratavam os colonos, condenando-os à miséria. A esse discurso seguia-se, quase sempre, à íntegra de uma carta enviada à redação por um colono, relatando infortúnios e passagens degradantes, geralmente ocorridas nas contendas com os administradores das fazendas.

Com seu jornalismo investigativo e de denúncia, José Eiras tornou-se uma figura incômoda, sendo frequentes os choques com as autoridades e com outros meios de comunicação locais, cujos proprietários eram os próprios fazendeiros acusados, a aristocracia do café, os quais o processariam diversas vezes, levando-o inclusive à prisão. Faleceu em São Paulo, em dezembro de 1921, aos 53 anos. Um ano depois, seu jornal encerraria as atividades."

O *Diario Español* começou a circular em 1898, tendo sido editado até a década de 1920. Junto à *La Nación* e à *Gaceta Hispana* formou a tríade dos periódicos espanhóis que circularam pela capital do Estado de São Paulo na primeira metade do séc. XX. O *Diario Español* apresentava-se como o continuador da publicação *La Voz de España*. A sua redação e administração estava situada na Rua Brigadeiro Tobias, nº 85, e o o responsável da correspondência era Eiras García.[67]

Entre nacionalistas e republicanos, a Guerra Civil Espanhola repercute no Brasil

Na Espanha, a década de 1930 caracterizou-se, também, pela fermentação de crises de natureza institucional, política, ideológica, social e econômica, que assolavam o restante do mundo. Em abril de 1931, o regime monárquico foi substituído pela República e a formação da Falange Espanhola (1933) e a constituição do governo da Frente Popular (1936) aprofundaram a crise institucional e

---

[66] CÀNOVAS, M. - El Diario Español y las asociaciones españolas en São Paulo, en las primeras décadas del siglo XX". In: BLANCO RODRIGUEZ, Juan Andrés (Ed). *El asociacionismo en la emigración española a América*. Zamora: UNED–Universidad Nacional de Educación a Distancia, 2008.
[67] Cf. QUINTELLA, op.cit.

As comunidades imigrantes e sua imprensa | Espanhóis

Montagem cenas de guerra civil espanhola (1936-1939).
ACERVO ARQUIVO ROJO MINISTÉRIO DE CULTURA ESPANHOLA

mergulharam o país na guerra civil (1936-1939) que levou o general Francisco Franco ao poder.

No Brasil, as páginas do *La Nación* refletiam os acontecimentos que convulsionavam a vida espanhola. Assim, a proclamação da II República Espanhola, a instauração do Estado Novo no Brasil e o começo da Guerra Civil espanhola marcaram uma etapa cheia de tensões que desaguou, primeiro, em uma intensa repressão às atividades organizadas pelas associações espanholas e, finalmente, na ordem de fechamento e dissolução das mesmas e de vigilância das ações subversivas promovidas por aqueles que foram seus membros, visto que, na década de 1930, várias daquelas associações deixaram de ser exclusivamente mutualistas ou beneficentes, adquirindo contornos liberal e republicano ou, até mesmo, comunista. Durante a Guerra Civil Espanhola, era através das páginas dos periódicos editados em São Paulo que a comunidade espanhola, já dividida entre nacionalistas e republicanos, acompanhava os acontecimentos em solo ibérico.

Consequentemente, embora o Brasil tivesse declarado sua neutralidade perante o conflito espanhol, o aparelho propagandista e repressor do Estado Novo sentiu a obrigação diplomática e a conveniência de se posicionar, estrategicamente, do lado franquista e de contribuir, por meio da sufocação dos elementos republicanos da imigração espanhola, ao triunfo da revolução nacionalista e da reação na Espanha.

"A divisão da colônia espanhola, a latente simpatia do Estado Novo pelo bando fascista e tradicionalista durante a Guerra Civil, as ações empreendidas em favor da sua propaganda e as cordiais relações diplomáticas estabelecidas com o regime franquista após a sua vitória são fatores que marcaram profundamente o processo de inserção dos imigrantes espanhóis no Brasil e, em conse-

Característica da imprensa espanhola é que, ao longo da história, pode ser entendida em dois tipos. O mais comum e característico são os jornais e revistas ligados a centros, associações e entidades espanholas. Eles surgiram como resultado de um processo quase natural de comunicação das instituições com seus membros. Era preciso informar esses imigrantes, mantê-los por dentro dos acontecimentos que lhes interessavam, tanto no que se referia à nova terra, como no que estava ocorrendo na Espanha. O segundo tipo de imprensa imigrante espanhola é aquela ligada a empresas e instituições oficiais espanholas, que tem por objetivo a difusão da cultura e da língua espanhola.[72]
ACERVO MEMORIAL DO IMIGRANTE

quência, as atividades relacionadas com os mecanismos de transculturação dos mesmos ao longo da década de 1930. De fato, os espanhóis representaram 45,78% dos estrangeiros expulsos pelas autoridades brasileiras entre novembro de 1935 e outubro de 1937. O periódico *La Nación* recolheu este estado de coisas, tomando partido pelo bando nacional."[68]

Mesmo dentro desse quadro favorável, o grande problema enfrentado pelos falangistas no Brasil foi o número de afiliados. A maioria dos imigrantes espanhóis no país era simpática à causa republicana, o que impedia o crescimento do partido. Os imigrantes que mais se mobilizavam eram os habitantes dos centros urbanos, informados sobre o que acontecia na Espanha por jornais e cartas. Muitos, com algum passado de militância política ou identificados com o comunismo, se organizaram em associações de apoio aos republicanos. Por sua vez, o grupo falangista em São Paulo contava com aproximadamente 30 pessoas apenas, apesar do expressivo número de imigrantes espanhóis na cidade, e, mesmo assim, conseguiram fundar uma pequena publicação, *Notas de Espanha*, que circulava entre as células falangistas no país.

Apesar da velada colaboração das autoridades brasileiras, a situação para os falangistas tornou-se crítica quando, em abril de 1938, o governo de Vargas proibiu a atividade política de estrangeiros no Brasil, como consequência de campanha nacionalista que estabelecia a impossibilidade de os estrangeiros organizarem, criarem ou manterem estabelecimentos de caráter político, bem como a difusão de propaganda e idéias ou programas políticos, permitindo a associação apenas para fins culturais e recreativos. Além disso, as divergências internas, as dificuldades financeiras e a derrota do fascismo na Segunda Guerra Mundial fizeram com que, gradativamente, as atividades fascistas no Brasil desaparecessem nos anos 1950.[69]

Pós-guerra: novos imigrantes, novos periódicos

As transformações ocorridas no Brasil durante as décadas de 1930 e 1940 e a Guerra Civil Espanhola provocaram a paralisação da imigração para o Brasil e uma consequente ruptura na continuidade de geração entre os imigrantes espanhóis. Somente no período pós-Segunda Guerra Mundial assiste-se ao recrudescimento da imigração espanhola e aqueles que emigravam o faziam numa das fases mais difíceis da economia europeia, enquanto países como o Brasil clamavam por trabalhadores qualificados. São Paulo, notadamente, necessitava mão de obra especia-

---

[68] QUINTELLA, op.cit.
[69] Venturine, Eliane. Falange espanhola no Brasil. Colégio de Aplicação – COLUNI Universidade Federal de Viçosa (UFV) *Revista Ponto de Vista*. Viçosa (RJ), v. 3, p. 55.
[72] ESCUDERO, op. cit. p. 202.

As comunidades imigrantes e sua imprensa | Espanhóis

lizada e, de 1945 a 1960, chegam ao Brasil 103.930 espanhóis, boa parte mão de obra especializada que contribuiu para a formação do parque industrial, trabalhando nas indústrias automobilísticas e de autopeças, siderúrgicas e de eletrodomésticos, suprindo a necessidade manifesta do mercado de trabalho de trabalhadores industriais qualificados.[70]

Refletindo-se nessa nova realidade, a situação de paralisia que atingiu os periódicos em língua espanhola, entre as décadas de 1930 e 1950, será superada a partir dos anos 1960, quando surgem novos títulos sob renovadas orientações. Esse foi o caso de *Tribuna Hispánica*, *Gaceta Hispánica del Brasil*, *España – Las Provincias*, *Nuevas de España* e *Alborada*.

Esse terceiro e novo ciclo de periódicos em língua espanhola em São Paulo durou menos tempo que os dois primeiros e correspondeu às últimas décadas do século XX. "Além da inserção do imigrante espanhol à sociedade e, principalmente, à fusão de 12 entidades paulistas formando a atual Sociedade Hispano Brasileira de Socorros Mútuos (SHB), os periódicos foram reduzidos a um só: o *Alborada*, que circula até os dias de hoje."[71] Além do *Alborada*, esse terceiro ciclo da imprensa espanhola em São Paulo conheceu também o nascimento de publicações de curta existência, como a revista *Novo Mundo*, do Instituto Histórico e Cultural Cristóvão Colombo, a revista da Aseesp (Associação de Empresários Espanhóis no Brasil), a revista *Hispania* (1995-1997) e o jornal *El Cervantino*, do Colégio Miguel de Cervantes. As publicações *La Fragua*, *El Quijote em Acción* e *Saludos!* (ainda em circulação) completam esse quadro.

O Alborada

Em 5 de maio de 1955 foi fundada em São Paulo a Casa de Galícia, surgida a partir do coral galego Lembranza y Agarimo, existente desde 1953. Foi a mais importante associação especificamente galega fundada na cidade de São Paulo após a Segunda Guerra Mundial e perdurou até 1972, quando reunida a outras sociedades, formou o Centro Español de São Paulo que, posteriormente, em 1976, foi incorporado à Sociedade Hispano Brasileira de Socorros Mútuos e Instrução (SHB).

O jornal *Alborada*, publicado mensalmente pela associação desde 1958, era redigido em castelhano até 1970, quando passou a ter uma parte em português, devido ao crescente numero de brasileiros participantes da sociedade.[73] Hoje, o *Alborada* representa um dos mais antigos jornais impressos voltados para uma colônia de estrangeiros da cidade.

A pauta do jornal é ocupada principalmente por notícias da Sociedade Hispano Brasileira e por assuntos gerais da comunidade. Notícias sobre cultura, imigração, turismo e esportes completam o conteúdo jornalístico da publicação.[74] Em 2006 (entidade produtora), o jornal sofreu uma grande reforma gráfica e editorial, além de periódica: passou a ser semestral.

Além do *Alborada*, entre os periódicos mais recentes destinados à comunidade espanhola destacam-se as publicações *Saludos!*, *Prensa Hispano Brasileira*, semanário publicado desde 1960, *Revista Hispano Americana*, dirigida por Pascual Nunez Arca, e a revista *Brasil Espanha*.
ACERVO MEMORIAL DO IMIGRANTE

---

[70] MARTIN, Dolores. *Perspectivas do olhar na voz do imigrante espanhol*. Revista Eletrônica Patrimônio, Lazer & Turismo. Unisantos. out. 2005.
[71] ESCUDERO, Camila. *Imprensa de comunidades imigrantes de São Paulo e identidades*: estudo dos jornais ibéricos Mundo Lusíada e Alborada. São Bernardo do Campo: Umesp, 2007. p. 126-127, p.200.
[73] PERES, Elena Pájaro. *A inexistência da terra firme*: a imigração galega em São Paulo, 1946-1964. São Paulo: Editora da Universidade de São Paulo/Fapesp/Imprensa oficial do Estado, 2003.
[74] ESCUDERO, op. cit.

Com relação à imprensa dos imigrantes portugueses surgidas em São Paulo, o título mais antigo de um jornal em português é o *Echo Portuguez*, de 1897. Os registros de publicações semelhantes em São Paulo são esparsos, mas, além do *Echo Portuguez*, circulavam na cidade no início do século 20 outros títulos, como *O Gaiato*; em 1908, *A Bandeira Portuguesa* e a *Revista Portugal e Brasil*; já em 1929, registra-se também a existência da *Revista Portuguesa*, de literatura, humor e esportes, entre outros temas.
ACERVO ARQUIVO DO ESTADO DE SÃO PAULO

Abaixo, portugueses na Hospedaria de Imigrantes do Brás, São Paulo (SP), 1938.
ACERVO MEMORIAL DO IMIGRANTE

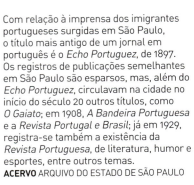

As comunidades imigrantes e sua imprensa | Portugueses

Saudosismo: uma característica da imprensa lusitana

Os jornais mais antigos da comunidade portuguesa em São Paulo de que se tem notícia são o *Echo Portuguez* (1897), *O Gaiato* (1905), *A Bandeira Portuguesa* (1908), a *Revista Portugal e Brasil* (1908) e a *Revista Portuguesa* (1930). Existem registros que apontam para algumas publicações do século XIX, os periódicos *Dália* e *Pétala*, voltados para públicos associativos e literário, além de títulos de impressos para o público em geral: *Colônia Portuguesa no Brasil*, *O Lusíada*, *O Lusitano* e o *Vanguarda*.

Os jornais portugueses, que nas grandes capitais chegavam a concorrer em tiragem com órgãos da imprensa nacional, apresentavam uma estrutura bastante profissional quando comparados com outros periódicos da imprensa imigrante. O uso da língua comum atraía para as publicações a colaboração de jornalistas e intelectuais habilitados, muitos deles, brasileiros de nascimento, havendo, ainda, uma enorme preocupação com a qualidade gráfica dos periódicos, garantida pelo apoio dos "bem-sucedidos" da coletividade, principalmente, os donos das grandes redes de comércio e produtos alimentícios, que garantiam com seus anúncios a renda publicitária geradora dos recursos para a sustentação dos jornais da comunidade.

Em sua maioria essas publicações estavam ligadas a círculos, clubes e associações comunitárias, retratando a vida social dos personagens nela envolvidos e sua intensa atividade cultural, literária, política, econômica e esportiva. Quanto ao conteúdo, as matérias e artigos remetiam e ainda remetem à terra natal. Em tom saudosista, buscavam a manutenção da identidade e dos laços culturais e afetivos com Portugal.

A chamada imprensa portuguesa do Brasil desempenhou papel fundamental dentro da comunidade. "De um lado, como veículo de divulgação da vida portuguesa, de seus valores e de suas vicissitudes, de suas transformações e de sua modernização; de outro, como instrumento aglutinador dos membros dessas comunidades, atraindo-os e juntando-os em torno de projetos e realizações associativas, de caráter cívico, cultural, assistencial, desportivo etc."[75]

Novos títulos contam a história da imprensa dos imigrantes lusos

Passadas a fase de pioneirismo e de instalação da imprensa portuguesa no Brasil, os anos 1920 assistiram ao surgimento do importante semanário, fundado por Augusto Soares, o *Colônia Portuguesa*, ligado ao Centro Republicano Português. Mantendo as características já citadas, a publicação, que durou até 1930, trazia notícias gerais da comunidade lusitana de São Paulo e arti-

[75] ESCUDERO, op. cit., p.167

ACERVO CLUBE PORTUGUÊS

gos de fundo político sobre a situação política em Portugal.

Na década de 1930, passou a ser editado o *Boletim da Casa de Portugal*. Em formato tabloide trazia notícias da vida social da colônia, das atividades da Casa de Portugal, anedotas, poemas e textos literários. Desaparecido na década de 1940, renasceu em 1969. A década de 1930, ainda, assistiu ao nascimento de dois marcos da imprensa lusitana em São Paulo. Editadas pelo Clube Português, que reunia a maioria da intelectualidade da colônia lusa da cidade, surgiram duas publicações: a *Revista Portuguesa* (1930–1937), que divulgava os eventos da instituição ao lado de matérias e artigos sobre assuntos diversos, como história, arqueologia, literatura, linguística e etnologia, e o jornal *Portugália* (1947- 1955), que cobria a vida social do clube e trazia artigos de interesse geral, sem recorrer ao intelectualismo. O *Portugália* ressurgiu em 1967 e desapareceu em 1973.

Portugal Democrático: uma trincheira contra o salazarismo[76]

O movimento de resistência democrática de oposição a Salazar foi encabeçado e organizado pelo grupo que criou em São Paulo o jornal *Portugal Democrático*. Seu primeiro número saiu em 7 de junho de 1956 e, desde então, a oposição ao governo de Salazar e a sua política, a anistia aos presos políticos e a luta pelo fim do colonialismo português na África foram temas constantes no jornal.

Contando com a colaboração de intelectuais portugueses e brasileiros, além de lideranças do movimento de libertação das colônias portuguesas na África, o *Portugal Democrático* ocupava inicialmente a sede do Centro Republicano Português e possuía uma organização altamente profissionalizada, com a divisão de responsabilidades quanto aos aspectos editoriais e comerciais da publicação. A maior preocupação da equipe responsável pela publicação era garantir sua circulação, garantindo a viabilização e divulgação das propostas políticas do jornal.

Censurado em Portugal, o jornal lá circulava clandestinamente e seus colaboradores eram duramente perseguidos pela polícia política salazarista. Em São Paulo, pessoas ligadas ao jornal não recebiam o passaporte português e eram proibidas de viajar para Portugal. Com o golpe militar de 1964

[76] FREITAS, Sonia Maria de. *Presença portuguesa em São Paulo*. São Paulo: Imprensa Oficial do Estado/Memorial do Imigrante, 2006. p. 130-141.

As comunidades imigrantes e sua imprensa | **Portugueses**

A luta contra o salazarismo e o colonialismo na
África ecoa nas páginas do *Portugal democrático*.
ACERVO CENTRO 25 DE ABRIL

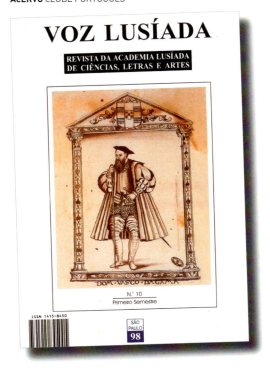

Voz Lusíada, Revista da Academia Lusíada de Ciências, Letras e Artes. Lançada em 1993, durou até 2004, com edições anuais, após ter iniciado com periodicidade semestral. Era uma revista literária, assemelhando-se a uma publicação acadêmica de estudos sobre a literatura luso-brasileira.
ACERVO CLUBE PORTUGUÊS

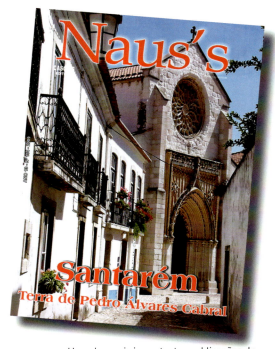

Uma das mais importantes publicações da comunidade portuguesa, a revista *Nau´s* foi lançada em 1994, tratando principalmente de temas ligados aos eventos da colônia, turismo, culinária e notícias de interesse geral da colônia portuguesa, principalmente os ligados à política e à economia portuguesa. O intercâmbio cultural entre Brasil e Portugal também está presente nas páginas da publicação.
ACERVO CLUBE PORTUGUÊS

e seus desdobramentos, muitos se afastaram do jornal, nele permanecendo aqueles que, ideologicamente, estavam firmemente engajados na luta contra o salazarismo, independentemente dos riscos que corriam pela aproximação entre as duas ditaduras.

Até meados da década de 1970, o tema do anticolonialismo continuou muito presente nas páginas do *Portugal Democrático*. Após a Revolução dos Cravos (25 de abril de 1974), o jornal passou a divulgar notícias de Portugal às comunidades portuguesa e brasileira, mas parou de circular em sua edição de número 203, relativa à semana de 26/2 a 4/3/1975.

Ao longo dos seus 18 anos de vida, o *Portugal Democrático* levantou inúmeras bandeiras e abraçou as mais diversas causas democráticas. Heterogêneo em sua composição ideológica, o jornal manteve-se coerente nas suas bandeiras antissalazarista e anticolonialista, divulgando o ideal democrático em São Paulo e constituindo importante contribuição política da comunidade lusitana à luta pela democracia em nosso território.

A vitalidade de uma comunidade

Na década de 1970, surge o *Caravelas*, "revista dos portugueses no Brasil". A publicação estava vinculada ao programa televisivo "Caravela da Saudade", exibido pela Rede Tupi e voltado ao público português. Como revista da colônia, exibia publicidade de grandes empresas alimentícias dirigidas por portugueses, notícias de Portugal, curiosidades e vida social da colônia em São Paulo, turismo, necrologia, economia, etc.

Nas décadas de 1980 e 1990, conhece-se a expansão de publicações ligadas à comunidade portuguesa de São Paulo, algumas

As comunidades imigrantes e sua imprensa | Portugueses

circulando ainda nos dias de hoje. Entre os principais títulos surgidos no período, destacam-se a revista *Comunidades de Língua Portuguesa*, órgão do Centro de Estudos Americanos Fernando Pessoa, que trazia artigos e estudos sobre o mundo luso-brasileiro e a comunidade internacional de língua portuguesa; a *Revista Raízes Lusíadas*, publicação que circulou por uma década, entre 1985 e 2005 e que trazia matérias ligadas à cultura, personalidades, turismo, vida social e curiosidades; e a *Notícias Portugal*, cujo foco se dava em torno do setor turístico. Em 1995, editada pelo ICEP–Investimentos, Comércio e *Turismo de Portugal*, circulou o periódico *Portugal News*, com matérias sobre turismo, história, eventos, etc. Por sua vez, em 2002, de vida curta, o Consulado Geral de Portugal lança o informativo *Ponto de Encontro*, com notícias gerais, eventos da comunidade e prestação de serviços consulares aos membros da colônia.

Atualmente, além das revistas *Nau's* e *Revista da Câmara Portuguesa de Comércio do Brasil-SP*, os jornais *Mundo Lusíada*, *Portugal em Foco*, editado no Rio de Janeiro e que circula em São Paulo, e o *Jornal do Emigrante* formam o conjunto mais expressivo de publicações destinadas à comunidade luso-brasileira, revelando a vitalidade da comunidade de São Paulo.

O *Mundo Lusíada*, veículo de comunicação quinzenal, da comunidade luso-brasileira e povos de língua portuguesa. O jornal foi fundado em 1º de setembro de 1997, com o título *Informativo Elista*, mas depois de 18 edições, foi alterado para *Mundo Lusíada*, em março de 1999. O *Informativo Elista* foi fundado para trazer principalmente informações sobre o Elos Clube, um movimento que hoje está comemorando 50 anos e defende principalmente a cultura e a língua portuguesa, através de atividades culturais e reuniões de convívio. Porém, com o intuito de abranger, além do Movimento Elista, a comunidade portuguesa de São Paulo, o jornal mudou seu nome e assim passou a publicar também informações sobre a comunidade luso-brasileira no geral. Hoje em dia, o jornal *Mundo Lusíada* se dispõe a informar não só a comunidade luso-brasileira e sobre o Elos Clube, como também sobre a política bilateral entre ambos os países, a economia e sociedade portuguesa atual e os principais fatos ocorridos nos demais países de língua portuguesa no mundo: Angola, Cabo Verde, Moçambique, Guiné-Bissau, São Tomé e Príncipe, Timor-Leste.

ACERVO MUNDO LUSÍADA

Al-Assmahy, de 12/10/1898: uma das primeiras publicações da comunidade árabe de São Paulo.
ACERVO MEMORIAL DO IMIGRANTE

As comunidades imigrantes e sua imprensa | Árabes

No Mundo Moderno, há um só oráculo: o jornalismo. É no Jornal que se despontam as ambições e às vezes as violências do poder, para a construção de um ideário libertador, por uma crença de justiça contra as opressões das dominações coloniais. Aqui se forma a opinião publica. Assim não é a Imprensa apenas um espelho refletor da opinião publica, não é o povo que faz o jornal, e sim o jornal que faz o povo.

Fernando de Azeredo[77]

Entre mascates e intelectuais

A presença árabe no Brasil é anterior ao início da grande imigração, ocorrida a partir da década de 1880. Porém, foi a partir desse período, e em consequência de problemas econômicos, religiosos e políticos vividos no Oriente Médio, que a imigração árabe para o Brasil acentuou-se e teve como destino preferencial a cidade de São Paulo, local de oportunidades devido à expansão das atividades ligadas ao comércio. De caráter espontâneo, sem nenhuma participação direta do governo, essa corrente imigratória diferenciou-se das demais de caráter agrícola e, logo, os mascates árabes passaram a ocupar a cena cotidiana das mais diversas localidades do estado de São Paulo, tendo sempre como ponto de partida a Rua 25 de Março e região, na capital.

Estabelecidos em São Paulo, "os sírios e libaneses apresentam um perfil de distribuição demográfico-ocupacional singular no estado. Diferentemente de outros grupos étnicos, os sírios e libaneses reúnem simultaneamente duas características que lhes dão singularidade: são razoavelmente bem distribuídos entre as diversas regiões do território paulista e, ao mesmo tempo, apresentam um alto índice de ocupações urbanas. Essa combinação única de fatores decorre da especialização da colônia como um todo em torno das atividades ligadas ao comércio."[78]

Esses mascates pioneiros, na maioria libaneses e sírios, de pouca escolaridade, eram dotados de um acervo cultural considerável, porém, sua mente voltava-se unicamente para o trabalho e o enriquecimento, ficando em segundo plano as ações ligadas à cultura e ao mundo social e intelectual. Foi somente com a segunda fase da imigração, ocorrida sob o manto da Primeira Guerra Mundial, que o perfil dos emigrantes altera-se,

Jornal Al-Munazer, de 1907. Na década de 1910 chegaram a circular 14 periódicos diferentes, editados em árabe, no país.
ACERVO ARQUIVO PÚBLICO DO ESTADO DE SÃO PAULO

---

[77] Azeredo, Fernando de. *Os vinte e cinco soldados de Guttemberg*. Rio de Janeiro, Revista Nova Andaluzia, 1941
[78] TRUZZI, Oswaldo. *Patrícios*: sírios e libaneses em São Paulo. São Paulo: Hucitec, 1997. p.53.

As comunidades imigrantes e sua imprensa | Árabes

Jornal Sphynge, maio de 1908. Na primeira metade do século XX, o crescimento da imprensa dos árabes imigrantes iria estender-se a todo o território brasileiro, constituindo o período mais fértil e rico de toda a história dessa imprensa em São Paulo e no Brasil. Ao todo, de 1890 a 1940, surgiram 394 jornais, revistas e periódicos árabes, marcadas pelo seu caráter laico e comprometidos com a causa da libertação nacional. Por volta de 1945, a comunidade sírio-libanesa havia produzido 97 jornais e revistas, além de mais de 150 livros.[81]
ACERVO ARQUIVO PÚBLICO DO ESTADO DE SÃO PAULO

pois jovens intelectuais de nível superior, recusando-se a servir o exército otomano, encontram na imigração uma forma de resistência. Em solo brasileiro, esse segmento rejeita a vida do mascate e parte para a criação de jornais, grupos associativos e movimentos literários, com o intuito de difundir a cultura árabe e intelectualizar a comunidade no Brasil – principalmente os filhos da primeira imigração.

Mascates e intelectuais passam a conviver lado a lado dentro da comunidade. Em meio a uma colônia que valorizava o comércio, o trabalho árduo e a riqueza, os novos intelectuais ocuparam, entretanto, uma posição incômoda e pouco valorizada, visto não serem capazes de obter o próprio enriquecimento. "Embora fossem considerados letrados em seus países de origem, não conseguiram reproduzir-se como tais na nova pátria. Em outros termos, provavelmente foram intelectuais que não conseguiram transladar a valorização de seus capitais culturais para a nova sociedade e não detinham nenhuma expressão rendosa fora dela e acabaram dependendo de favores, empregos e financiamentos dos compatriotas bem-sucedidos economicamente."[79]

Dessa forma, os mascates tornaram-se mecenas dos intelectuais, possibilitando os recursos financeiros para que esses criassem escolas, sociedades literárias e dessem origem aos primeiros jornais da comunidade. A posição de mecenas conferia *status* aos primeiros dentro da coletividade, enquanto aos segundos, garantia-lhes a sobrevivência. Apesar da diferente visão sobre o papel de cada grupo, fonte de conflito interno permanente, acabam por se tornar os dois segmentos essenciais para a estruturação do perfil e do próprio entendimento dessa imigração. Uma questão, contudo, unia todo o grupo: o nacionalismo árabe e a luta pela independência do domínio otomano na terra natal. Essa resistência irá expressar-se através dos jornais e publicações da comunidade árabe que surgiram como mecanismo de resistência, onde as divisões tribais, sociais e religiosas eram superadas em prol da causa da independência de seus países de origem.

Das associações aos jornais

Entre os imigrantes do Oriente Médio dispersos pelo Brasil houve uma forte disseminação da imprensa imigrantista. Na década

[79] TRUZZI, op., cit. p. 108.

Said Abu Jamra, médico que, na condição de pioneiro instruído, envolveu-se diretamente nas questões internas e externas da colônia dedicando-se ao jornalismo étnico-militante. Envolveu-se com o movimento nacionalista sírio, o que o levou à fundação do jornal *Al-Afkar*, publicação que manteve como proprietário e redator ao longo de quarenta anos (1903-1943), estabelecendo intenso contato com intelectuais e ativistas políticos da terra de origem.
ACERVO MEMORIAL DO IMIGRANTE

de 1910, chegaram a circular 14 periódicos diferentes, editados em árabe, no país. Seu papel, quase sempre, era ambivalente, pois utilizavam o árabe para manter os laços culturais com os países de origem, mas cotidianamente dedicavam-se também a ensinar aos recém-chegados como viver e trabalhar nas novas terras. O jornal possuía, assim, uma dupla função: enquanto o uso do árabe ajudava a manter a cultura pré-migratória, os artigos sobre como negociar a vida no novo ambiente (fornecendo orientação sobre como conseguir empregos e moradias) contribuíam para a aculturação dos imigrantes sírios e libaneses recém-chegados ao Brasil.

Instalados definitivamente no país, consolidados seus negócios e obtida a estabilidade financeira, os imigrantes árabes mandavam buscar seus familiares para ajudar a expandir e a nova riqueza contribuía para o surgimento de novas instituições e organizações comunitárias, entre elas o jornalismo voltado à comunidade árabe imigrante.

O *Al-Faiáh*, primeiro jornal em língua árabe publicado no Brasil, foi fundado em 1895, na cidade de Campinas, interior do Estado de São Paulo, e o *Al-Brasil* foi fundado menos de seis meses depois, em Santos. Um ano mais tarde, os dois jornais foram fundidos em São Paulo e, por volta de 1902, havia três jornais em língua árabe em São Paulo e mais dois no Rio de Janeiro. Em 1914, circulavam 14 jornais em língua árabe, e até mesmo os imigrantes se surpreendiam com o fato de que a "coletividade podia sustentar tão elevado número de jornais".[80] Rapidamente o número de periódicos árabes no Brasil alcançaria a marca de 95 jornais e revistas, até 1933.

Evolução da imprensa na comunidade sírio-libanesa

As revistas e jornais vinculados à colônia sofreram uma evolução interessante. No iní-

---

[80] TRUZZI, op., cit. p.110.
[81] ZEGHIDOUR, Slimane. *A poesia árabe moderna e o Brasil*. São Paulo: Brasiliense,1982. p. 9.

ANNO. III N.121

السنة الثالثة العدد ١٢١

PROPRIEDADE
— DA —
SOCIEDADE MARONITA DE BENEFICENCIA

AL-MANARAT

المنارة ✳

تصدر من الجمعية الخيرية المارونية

عنوان المراسلات

JORNAL AL MANARAT
Caixa do Correio, n. 73
SÃO PAULO — (BRASIL)

(الادارة)
في ترافسا دومركادو نمرو ٤

بدل الاشتراك
في البرازيل وسائر الجهات عشرون الف رئيس
اي ٢٠٠ غرش

(المكاتيب)
تعنون باسم ادارة المنارة وترسل الى
صندوق البريد عدد ٧٣ (سان باولو برازيل)

تنفق في سبيل الخير

REDACÇÃO
Travessa do Mercado, N. 4
S. PAULO.

جريدة اسبوعية ادبية اخبارية

لا ترد الرسائل الى اصحابها نشرت ام لم تنشر
الاعلانات والرسائل المخصوصية بتنفق عليها
لا تقبل الجريدة اشتراكاً الاّ عن سنة كاملة

S. PAULO, Sabbado, 2 de Janeiro de 1904. ✳ تصدر صباح كل سبت ✳ سان باولو السبت في ٢ ك٢ سنة ١٩٠٣

الغابر والآتي

بين الامس واليوم انطوت ورقة من
صفحات التاريخ فدفن العام الرابع من القرن
العشرين في قبور الدهر شيخاً مسناً واقبل العام
الخامس طفلاً باسماً فاتحاً يده لهـذه الحياة
يصافح سكان هذه الكرة ويحييهم بالسلام

اهلاً بالآ تي من عالم الغيب وقد علقت
عليه امال الامم والافراد · شعوب مثقلة
باحمال الويلات تتطلب الفرج وناس داهمتهم
مصائب الدهر فباتوا يرقبون نجم الاماني من
الايام المقبلة

ووداعاً ايها المنصرف لقد كنت لبعض
الناس نعيماً وسعادة ولغيرهم بوساً وشقاءً فكم
ذرفت فيك دموع وبسمت ثغور وكم فرحت
قـلوب وحزنت نفوس · وكم دفنت في بطون
الارض من الاجسام واولدت من العدم الى
الوجود ذا حياة · اذا جاء دورنا لذكرك فحين
نذكرك بالاسف ونتمنى ان لا تعود ايامك
السوداء ولياليك الشعناء

لقد حل في هـذا العام في وطنا من
المصائب ما لم يحل به منذ ٤٤ سنة وتجددت

حوادث كانت قد طوتها الايام وتناستها
الاذهان فاعادت الى ابناء هـذا الجيل الذين
شبوا يطلبون نجاحاً وارتقاً وقاموا يتمنون الفة
وسلاماً ذكرى الاجيال المظلمة التي ساد فيها
شيطان التفرق والخصام وويلات الحروب
والقتال

فاسيء خير نذكر هذا العام وحوادث
وطنا التي سطرتها الصحف تاريخاً ابدياً تنطق
بما حل فيه من البؤس والشقاء · مصائب لم
تقابلها فوائد وخسائر ما عادلتها ارباح · القتل
والنهب والخوف والوجل · وقوف الاحوال
التجاريه وقفة عرقلت مساعي الكثيرين ·
امراض واوبئة قتلت الالوف من الشبان
والشيوخ والنساء والاطفال فن لم يمت بالسيف
مات بغيره ومن لم يهلك جوعاً هجر الى البلدان
القاصية تغسر الوطن الاثنين خسارة لاتعوض
فيا ايها القادم من عالم الغيب ايها العالم
الجديد هل نجيء اثار سلفك ام تصلح ما
افسده وتعوض ما افقده فتقتل الضغائن
وتبذر السلام · وتمحو الازمات وتسطر كلمات
الفرج وتقلص ظل الاوبئة وتولد العافية
والنشاط في السكان فينهضون نهضة واحدة

ويجمعون على خدمة مصالحهم المشتركة ويسعون
الى ما فيه هناؤهم المشترك فتكون فرجاً للعموم
كما كان العام الذي سبقك بؤساً للجميع وتأتي
باسباب الراحة والرفاه كما اتى بوسائـل الحزن
والتعاسة

اننا نحيا بالرجاء والامال ونحن نأمل
منك ان تكون كما نتمنى راحة لاخواننا فـي
الوطن ومجيباً للمتسمهم فترزق الدولة العليـة
راحة ونصراً وتقصم فيها بنيها المتشتتين بتفرق
جنسياتهم ومذاهبهم وترزق بيروت امانًا
ولبنان ثغراً والمهاجرين توفيقاً باشغالهم وعودة
قريبة الى اوطانهم · وليس لنا من نتكل عليه
سـيّف هذه الاماني غيرك ذلك الذي بامره تسير
سنة الايام والليال وهو تعالى مجيب السؤال
ومحقق الامال فاياه نسأل ومنه نطلب ما
نرجوه · فقد حان يارب لتلك الارض التي
اخترتها لان تكون مهد الانسانية ومبعث
النور ان تسعد بسكانها اذ يسلكون سبيلاً
يرضيك ويتحدون اتحاداً يجعلهم مرتبطين
بعضهم ومقترنين منك وانت على كل شيء
قدير

✳✳

As comunidades imigrantes e sua imprensa | Árabes

cio eram totalmente publicados em árabe e muitos deles foram fundados com o propósito de promover a causa da independência política da Síria e do Líbano. Eram quase periódicos militantes que procuravam acompanhar o desenvolver da política na terra de origem e posicionando-se em relação a ele. Também foram alimentados pela literatura do Mahjar (da emigração); o Brasil, surpreendentemente, abrigou um contingente expressivo de poetas árabes. Para cá convergiram intelectuais filiados a diferentes correntes de ideias, que viram na emigração o único escape à dominação turca, a única saída para homens e mulheres animados por um projeto de libertação nacional e renascimento cultural.[82]

Com o tempo, as revistas foram-se transformando. Aos poucos, passaram a incorporar maior variedade de temas, sobretudo a respeito da colônia aqui no Brasil, dando notícia de coletividades sírias e libanesas de outras cidades, ao mesmo tempo em que se tornaram bilíngues. Na década de 1950, a maior parte dos periódicos tinha se despolitizado completamente, cobrindo, apenas, a título de curiosidade, os acontecimentos políticos do mundo árabe. Transformaram-se em uma espécie de coluna social ampliada. Passaram a monopolizar as revistas os registros de casamento, os banquetes, as homenagens, as comemorações, as inaugurações e as *tournées* pela Europa e Oriente, ao lado de contos, poesias e generalidades relativas à cultura árabe. Em épocas de eleições, pediam o voto nos candidatos da colônia. Tudo temperado com pouco texto e muitas fotos: as senhoras de cabelo armado, exibindo o seu último modelo, e os homens, em terno, com duas tiras de bigodes em escovinha, cuidadosamente aparados.

Essa transformação processada no periodismo árabe fez com que as publicações dirigidas à comunidade abandonassem o tom político para se converterem em "periódicos dedicados sobretudo à cobertura da vida social e das iniciativas dos ricos e poderosos da colônia, nos quais vicejaram profissionais da bajulação, habituês semioficiais de quaisquer recepções, figuras fáceis de festas e enterros, que exercitaram suas penas em colunas sociais e necrológicas. Além de aniversários, casamentos e velórios, muitos desses jornalistas viveram da cobertura das atividades filantrópicas da colônia. Essas sempre estiveram muito presentes ao longo da história da colônia em São Paulo, mantendo hospitais, asilos, orfanatos e escolas, constituindo, portanto, uma rede eficiente de autoproteção da colônia."[83]

Jornal Al-Mizan, 7/5/1908. Divulgar a cultura e o nacionalismo árabe era uma das funções da imprensa árabe de São Paulo.
ACERVO ARQUIVO PÚBLICO DO ESTADO DE SÃO PAULO

[82] Ibid., op.cit . p.110.
[83] TRUZZI, op. cit. p 110-111.

Círculos literários árabes de São Paulo utilizavam as painas dos jornais para a publicação de artigos sobre a cultura árabe, principalmente a literatura. Além da revista *O Oriente*, a literatura árabe no Brasil encontrava espaço em publicações como a revista literária *Al-Jadid*, que foi publicada durante uma década (1919-1929). Destaque-se, ainda, a ação do Dr. Khalil Sa'adih (médico mais conhecido por ter editado o primeiro dicionário inglês-árabe, em 1911), que publicou o jornal *Al-jarida* e uma publicação mensal, chamada *Al-Majallah*. Seu filho foi o responsável pela publicação do jornal *Souria al-Jadida* (A Nova Síria), que mais tarde foi proibido pelo governo Vargas.
ACERVO REVISTA CHAMS

As comunidades imigrantes e sua imprensa | Árabes

Em São Paulo encontramos as instituições islâmicas mais fortes e numerosas, as quais, em termos gerais, não se separaram de uma identidade árabe. Um dado significativo, nesse sentido, é o nome do jornal de circulação nacional produzido pela comunidade de São Paulo, *Al Urubat*, que em língua árabe significa *O Arabismo*. Essa publicação, cuja manchete anuncia: "Jornal a serviço da comunidade muçulmana do Brasil", circula há mais de 65 anos. O conteúdo do *Al Urubat* faz alusões à "pátria árabe" e promove a divulgação do Islamismo em território nacional.[84]
ACERVO MEMORIAL DO IMIGRANTE

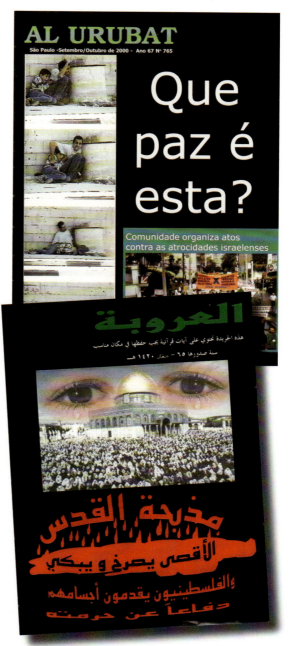

Três gerações

Mariana Dabul de Fajuri nasceu em 14 de fevereiro de 1889 em Kobba, pequena aldeia na região de Batrun, no Líbano. Viúva aos 26 anos, com poucos recursos e três filhos para criar, emigrou para Cuba. Depois de alguns anos mudou-se para Buenos Aires, onde viviam parentes e existia uma expressiva comunidade árabe. Apaixonada pelo idioma e pela literatura do país natal, começou a frequentar grupos literários que as cultivavam. Foi nesse meio que conheceu o comerciante libanês Elias Mussa Fajuri, com quem casou.

Em 1940, mudam-se para São Paulo, cidade onde, em 1954, Mariana resolve se dedicar a uma ideia que tinha há muito tempo: editar uma revista para a coletividade árabe-brasileira. Confiante, parte para os Estados Unidos realizando uma série de palestras para as comunidades árabes locais e vendendo assinaturas de uma revista que ainda era apenas um projeto. De lá volta com recursos para lançar o primeiro número de *As Etapas*, nome posteriormente mudado para *Etapas*, lançada em outubro de 1955.

Nasce a revista *Chams*

Mariana Dabul de Fajuri tocou a *Etapas* até 1984. A veterana intelectual, que perpetuou o seu nome na cultura árabe-brasileira, seja pela fundação, em 1968, da *Liga da Pena*, que reunia poetas e intelectuais árabes, ou pela continuidade até os dias de hoje de sua publicação, pelas mãos do filho Raul, que, em outubro de 1991, fundou a revista *Chams*, cujo significado em árabe é Sol. Hoje, a publicação fundada por dona Mariana é capitaneada pelo filho, nora e netos, formando três gerações voltadas à preservação e difusão da cultura árabe no Brasil.

---

[84] MONTENEGRO, Silvia Maria. *Identidades muçulmanas no Brasil:* entre o arabismo e a islamização. In: MONTENEGRO, Silvia Maria. *Lusotopie*. Rio de Janeiro, nº 2, p. 59-79, 2002.

A aventura de imprimir os jornais em ídiche, um em 1915 (*Di Menscheit* – Porto Alegre/RS) e outro em 1920 (*Di Idiche Tzukunft*, Rio de Janeiro), por Josef Haleví, tornou necessária a importação de tipos hebraicos da Argentina que, com o fracasso das publicações, acabaram sendo perdidos. Somente em 1923, com a fundação do *Dos Idiche Vochenblat*, novos tipos hebraicos foram novamente importados. Imagem: cabeçalho em ídiche do jornal *A Columna*
ACERVO MEMORIAL DO IMIGRANTE

As comunidades imigrantes e sua imprensa | Judeus

Os imigrantes reconstroem no novo espaço uma estrutura marcada pelo passado religioso comum. Mas as afinidades terminam aí, pois cada um dos grupos traz em sua bagagem elementos da cultura de seus países maternos
Eva Blay [85]

Páginas escritas em ídiche e em português

Estatisticamente, a maior parte dos judeus chegou ao Brasil após a Primeira Guerra Mundial (1914-1918), principalmente no período entre os anos de 1928 e 1932. Poloneses (64%), romenos (13%), russos (7%), lituanos (6%) e letos (3%) formavam a imensa maioria da comunidade, cerca de 20 mil pessoas, que se instalou em São Paulo e concentrou-se no bairro do Bom Retiro. Entre 1936 e 1940, com a ascensão nazista ao poder na Alemanha, chegariam os imigrantes judeus alemães.

Vindos de diferentes aldeias, cidades ou localidades da Europa Oriental e Central, principalmente, e acostumados à vida urbana, na qual viviam desde a Idade Média, os imigrantes judeus ingressaram na sociedade paulistana que se expandia e desenvolvia, em particular, em seus setores mais dinâmicos, criando extensa rede de instituições de caráter comunitário, que congregava os imigrantes. Logo, os judeus de São Paulo trataram de fincar raízes, de se adaptar à vida brasileira e de suprir as suas necessidades judaicas – escolas, sinagogas, atividades sociais e culturais –, e se empenharam em receber os recém-chegados que precisavam ser absorvidos.

Foi nesse amplo e diversificado quadro de atividades culturais que nascem os jornais destinados à coletividade judaica de São Paulo. Escritos em ídiche, termo que deriva do alemão *juedisch*, que também significa "judeu" ou "judaico" – língua materna da maioria dos imigrantes aqui chegados – ou em português, os diversos periódicos judaicos surgidos ao longo do tempo refletiram-se no grau de desenvolvimento e prosperidade obtido pela comunidade judaica da cidade. Ao imprimir em suas páginas a vida econômica, política, social, religiosa e cultural dos imigrantes judeus, a imprensa judaica retratava os anseios, expectativas, alegrias e perspectivas na trajetória que o imigrante judeu trilhava em terras paulistanas, tendo um papel fundamental na absorção desses imigrantes na sociedade brasileira.

Elemento de coesão dos imigrantes aqui radicados, circulando pelas "ruas ou bairros judaicos", distribuídos pelas cidades que surgiam ao longo das vias férreas, escritos na língua comum, e informando sobre a comunidade local ou acontecimentos da terra natal, os jornais da comunidade judaica mantinham acesas as chamas da milenar cultura e irmanavam até mesmo aqueles que, distantes, não podiam, por uma situação de ocasião, participar ativamente da vida comunitária.

A necessidade da comunicação

Provenientes de diversas partes, mas em especial do leste europeu, os judeus que se

---

[85] BLAY, Eva Alterman. As duas memórias. In: *Quando os judeus descobriram (e amaram) São Paulo*. São Paulo: Revista Shalom, nº 223, p. 9, 1984.

O *A Columna* foi o primeiro jornal judeu em língua portuguesa no Brasil. O primeiro número foi publicado em 14 de janeiro de 1916, tendo sido redigido por Álvaro de Castilho, que não era judeu e sim adepto da Igreja Nova Jerusalém. Envolvido com o ideal sionista de David Pérez, Álvaro de Castilho tornou-se ardoroso difusor das ideias nacionalistas judaicos entre membros da comunidade e fora dela.
ACERVO ARQUIVO HISTÓRICO JUDAICO BRASILEIRO

estabeleceram em São Paulo no período entre guerras e participaram da vida local, procuraram manter os vínculos com a cultura ancestral e, nela, com a língua-mãe, o ídiche, utilizado no Brasil desde a chegada dos imigrantes judeus no final do século 19.

Ao lado do grande contingente de imigrantes da Europa Oriental e Central que foi atraído para a cidade de São Paulo e da necessidade de preservação da língua-mãe, uma das principais causas para a criação de uma imprensa em língua ídiche em São Paulo estava no interesse dos imigrantes em saberem o que se passava com seus irmãos e parentes durante aqueles anos de pré-guerra que assolava o continente europeu.[86]

Através do trabalho e de uma intensa vida cultural, os imigrantes objetivavam manter as suas tradições e uma imprensa destinada a esse público era importante fator de coesão, além do contato com irmãos e parentes que ficaram para trás. A produção jornalística em ídiche transformava-se, assim, em importante instrumento de informação, conscientização e integração para uma autoproteção e integração na vida brasileira, além de divulgar, naquele momento histórico, o ideal sionista.

O precursor

Enquanto o fundador da imprensa judaica no Brasil, Josef Haleví, criava o *Di Mensheit* (A Humanidade), em 1915, e o *Di Idiche Tzukunft* (O Futuro Israelita), em 1920, ambos de curta duração, vários jornais em língua portuguesa destinados ao público judeu imigrante surgiram nesse espaço de tempo. No dia 14 de janeiro de 1916, passou a circular no Rio de Janeiro o primeiro exemplar do *A Columna*, periódico da comunidade judaica, fundado por David Pérez, difusor do ideal nacionalista judaico em território brasileiro.

Com o intuito de divulgar o movimento sionista e defender os interesses dos israelitas no Brasil, o *A Columna*, como o próprio nome expressa, almejava ser um apoio do "edifício da futura organização judaica no Brasil", conforme dizia artigo do seu primeiro número. Esclarecer ao grande público quem eram os judeus e o judaísmo, cuidar e dar impulso à organização comunitária, fundar associações e centros de cultura judaica e agrupar os israelitas das mais diversas procedências espalhados pelo país e supervisionar a imigração judaica para o Brasil eram os objetivos do jornal. O *A Columna* começava a criar uma existência comunitária que o judaísmo brasileiro da

---

[86] RAIZMAN, Isaac. *História dos israelitas no Brasil*. São Paulo: Buch Presse, 1937.

As comunidades imigrantes e sua imprensa | Judeus

época necessitava. "David Pérez conseguiu com o seu jornal mobilizar a colaboração de intelectuais sefaraditas e ashkenazitas, dentre os poucos que se encontravam naqueles anos na comunidade judaica."[87]

O *A Columna* foi fiel a essas orientações e ao folhearmos suas páginas encontramos um noticiário que retrata as questões essenciais da vida judaica daquela época. As notícias publicadas em outros jornais judeus do mundo eram utilizadas para atualizar as informações e conhecimentos sobre o movimento sionista, destacando em suas páginas a história do sionismo, suas ideias e personalidades. O diário, inclusive, preocupava-se em anunciar as atividades da primeira organização sionista no Brasil, fundada em 1913, *Tiferet Sion*, incluindo suas mudanças de direção e sua relação com o movimento sionista mundial. O jornal encerrou suas atividades no final de 1917, deixando uma marca profunda na consciência comunitária judaica do Brasil. Não resistiu às dificuldades financeiras que enfrentou durante os dois anos em que circulou.

Novos títulos e a difusão do sionismo

Após o fechamento do *A Columna*, David José Pérez[88] voltou a ter papel na história da imprensa judaica do Brasil em 1921, quando, ao lado de Jacob Schneider e Eduardo Horowitz, fundou o *Correio Israelita*, jornal editado em português, no qual assumiu a função de redator. O *Correio Israelita* propunha-se difundir as atividades sionistas no Brasil, lideradas na época por Jacob Schneider, e, apesar de não ter durado muito tempo, contribuiu para organizar o movimento nacionalista entre os judeus estabelecidos no Brasil.

O *Correio Israelita* sobreviveu até o ano de 1923, mesmo ano em que foi fundado o jornal editado no idioma ídiche, por Aron Kaufman e outros, com o título de *Das Idiche Vochenblat* (O Semanário Israelita) que durou até 1927.

San Pauler Idiche Tsaitung: marco da imprensa ídiche em São Paulo

A década de 1920, momento de expansão da presença judaica no Brasil, assistiu à eclosão do grande movimento artístico e literário judaico com a publicação de diversos títulos – romances, contos e poesias –, escritos em hebraico ou ídiche. No setor da imprensa escrita em ídiche, esse período assinala o aparecimento dos jornais: *Dos Idishe Vochenblat*

O *San Pauler Idiche Tsaitung* (Gazeta Israelita de São Paulo), fundado em 1931, era editado três vezes por semana e se torna diário; no princípio, só em ídiche e, depois, em ídiche e português.
ACERVO ARQUIVO HISTÓRICO JUDAICO BRASILEIRO

---

[87] FABEL, Nachman. *Os sefaraditas e o início da imprensa judaica no Brasil*. Revista Morashá. São Paulo. n. 19, p.37-40, dez. 1997.
[88] Líder do movimento nacionalista judaico e fundador do "A Columna" e de "O Correio Israelita", David Pérez também foi colaborador assíduo de outros jornais em língua portuguesa, entre os quais encontramos "A Ilustração Israelita", fundado por Adolfo Aizen, em 1928, e "Aonde Vamos?", fundado por Shabetai Karakuchanski e Aron Neumann, em 1943, ambos no Rio de Janeiro.

(Semanário Israelita), fundado em 1923, *Di Idishe Folkstzaitung* (A Gazeta Israelita), em 1927 e *Di Idishe Presse* (A Imprensa Israelita), em 1930, todos surgidos no Rio de Janeiro, e *San Pauler Idiche Tsaitung* (Gazeta Israelita de São Paulo), fundada em 1931 e que se transformou no mais importante periódico em ídiche da imprensa judaica de São Paulo.

Fundado por Marcos Frankenthal, editor, proprietário e redator, era o único jornal em ídiche de São Paulo na época. Dirigido à comunidade israelita, seu conteúdo destinava-se a informar os judeus sobre eventos culturais e sociais da coletividade, inclusive de outras cidades e estados, além da difusão do ideal sionista. Notícias sobre a comunidade ocupavam espaço lado a lado com notícias vindas da Europa e da Palestina e os desdobramentos políticos dos acontecimentos que ocorriam naqueles territórios. Escrito totalmente em ídiche até 1937, quando passou a bilíngue, o jornal possuía uma vigorosa seção de publicidade e classificados, na maioria provindos da comunidade judaica. Fábricas, lojas, serviços, profissionais liberais e associações, além de escolas e outras atividades culturais constituíam a maior parte das peças publicitárias e demonstravam cabalmente a história econômica da coletividade e sua evolução dentro da sociedade paulistana. O jornal existiu até 1941 e sua republicação foi tentada em 1959, porém sem sucesso.

Anos 1930: a onda antissemita

No ano de 1933, a vida da comunidade judaica no Brasil entrou em nova fase, marcada pelo refluxo de suas mais diversas manifestações. O fator primordial para esse recuo está na política oficial de restrição à imigração, instituída em 1931, que trazia no seu bojo os primeiros sinais do antissemitismo que afloraria nos anos seguintes. Em acréscimo, a ascensão do nazismo na Alemanha, a partir de 1933, respingou em território brasileiro onde,

fascinados pelo prestígio alemão, alguns elementos germanófilos tentaram, em vão, disseminar pelo país o antissemitismo e o mito da supremacia racial. Sem respaldo popular, a tentativa fracassou redondamente.

Afastado o perigo desse ensaio antissemita, a coletividade judaica passou, entretanto, a sofrer os efeitos dos atos legais restritivos às atividades de estrangeiros em geral, como o baixado em 1939, que impunha a tradução para o português dos artigos escritos na imprensa em língua estrangeira no país; e o de 1941, que interditava totalmente a publicação de jornais em línguas estrangeiras e proibia o uso de línguas não nativas em reuniões e assembleias.

Amordaçada a imprensa ídiche e freada a liberdade de reunião, a vida social judaica ficou restrita às atividades religiosas e beneficentes. O nascimento em 1942, no Rio de Janeiro, da revista semanal *Aonde Vamos?*, redigida em português, assinala uma das poucas manifestações culturais do período. Terminada a Segunda Guerra Mundial, em 1945, "a imprensa em ídiche ressurgiu com muita vitalidade a partir de 1947, com a *Idishe Presse* e *Idishe Tzaitung*, no Rio de Janeiro, e a *Undzer Shtime* e o *Der Naier Moment*, em São Paulo."[89]

Uma nova fase

A existência da imprensa judaica data da segunda década do século XX. Seus primeiros jornais na cidade expressavam-se em ídiche e tinham espaços fixos para as entidades publicarem seus relatórios e suas programações, bem como debates e anúncios comerciais de seus membros; alguns informavam sobre as comunidades judaicas espalhadas pelo país. Desde o seu nascimento, a imprensa judaica de São Paulo foi, também, um dos veículos de apropriação do espaço urbano por parte dos imigrantes judeus, sendo que, em sua maior parte, ela se localizava no Bom Retiro, bair-

---

[89] História dos judeus no Brasil. Compilação de artigos sobre documentos históricos e achados arqueológicos. p. 14/15. Disponível em: < www.piracuruca.com/historia_do_brasil_judaismo.pdf)>. Acesso em: 30 jun. 2009.

As comunidades imigrantes e sua imprensa | Judeus

Na imprensa judaica havia periódicos vinculados a entidades, destacando-se *A Crônica Israelita*, pertencente à Congregação Israelita Paulista (CIP), que divulgava as atividades da congregação, além de informar a comunidade judaica sobre notícias de seu interesse. Fundado em 1938, deixou de circular em 1969. Abaixo, o periódico paulista *A Civilização*, de 1937 a 1939, editado em português.
ACERVO ARQUIVO HISTÓRICO JUDAICO BRASILEIRO

ro de concentração da coletividade na capital paulista. Essa imprensa judaica foi e continua sendo relevante elemento de coesão entre os imigrantes judeus e seus descendentes. Desde os primeiros títulos, passando pelo ano de 1938, quando começou a circular o jornal da CIP (Congregação Israelita Paulista), chamado Crônica Israelita, que foi impresso até 1969, os periódicos judaicos paulistanos exerceram a importante função de manter o contato entre os membros da coletividade, informando sobre notícias internacionais e sobre o judaísmo, tanto na cidade quanto no Brasil.

Outras publicações já desaparecidas, como *A Civilização*, *Páginas Israelitas* e a revista *Brasil-Israel*, ou as atuais *Tribuna Judaica*, *Alef*, *Shalom* e *Morashá*, continuam a tradição da imprensa judaica de São Paulo em manter a comunidade informada sobre eventos de todos os tipos, sobre acontecimentos envolvendo os judeus no exterior, sobre a história do povo israelita, etc.[90]

Concluindo, "a imprensa judaica em português serviu como um veículo de comunicação amplo para a sociedade brasileira, com uma nova geração que não dominava o idioma ídiche, e em especial, com toda a comunidade de imigrantes cuja diversidade de origem somente poderia ser unificada utilizando-se do idioma do país comum a todos. O elevado tom nacionalista que a caracterizou, decorria da profunda identidade de seus fundadores judeus sefaraditas, devido à sua cultura hebraica milenar, a qual ostentavam com orgulho."[91]

[90] CORRÊA, Ana Claudia Pinto. *Imigrantes judeus em São Paulo*: a reinvenção do cotidiano no Bom Retiro (1930-2000). Tese (Doutorado) - Pontifícia Universidade Católica, São Paulo, 2007.
[91] FALBEL, N, *Estudos sobre a comunidade judaica no Brasil*: São Paulo, Fiesp, 1984.

A imigração húngara, iniciada após a Primeira Guerra Mundial, trouxe para o Brasil imigrantes originários de Budapeste, operários ou comerciantes que se radicaram quase que totalmente na cidade de São Paulo. Os navios que aportaram em Santos traziam em suas listas de passageiros centenas de nomes húngaros, hoje totalmente incorporados ao Brasil, como János, Nagy, István, Zsábo, Kiss, Todor e outros.
IMIGRANTES HÚNGAROS - ACERVO MEMORIAL DO IMIGRANTE

As comunidades imigrantes e sua imprensa | Húngaros

Jornal: orientação e amparo ao imigrante húngaro

Apesar de não ultrapassar o número de 100 mil habitantes, incluindo os descendentes, a comunidade húngara de São Paulo é uma das mais ativas da cidade e mantém suas tradições, cultura e vida social por meio de quase três dezenas de associações ligadas à colônia.

Essa corrente imigratória, iniciada a partir da segunda metade do século 19, chegou ao Brasil em levas, impulsionadas pelas condições políticas ou econômicas que marcaram a história da nação magiar no transcorrer do século 20. A primeira dessas levas aportou no Brasil após o final da Primeira Guerra Mundial (1914-1918) e o consequente desmembramento do império austro-húngaro. Nos anos 1930, período marcado pela crise econômica mundial, e na década de 1950, após o fracasso do levante húngaro contra a ocupação soviética, completou-se o deslocamento de húngaros para o Brasil.

Antes e durante a Segunda Guerra Mundial, a maioria dos emigrantes húngaros que foram obrigados a emigrar, eram judeus. Já no período imediato ao fim da Segunda Guerra Mundial, os grupos de húngaros que chegaram ao Brasil eram formados por profissionais liberais e técnicos especializados, pertencentes à camada mais abastada da sociedade que deixaram a Hungria devido à ocupação do país pelo exército soviético.

De origens diversas e forçados a emigrar em diferentes momentos, a composição da colônia húngara de São Paulo é bastante variada, no que diz respeito à religião, convicção política, origem ou situação econômica. Na capital paulista, os húngaros conseguiram manter suas tradições por meio da fundação de escolas e associações, que atingiram o número de 42 associações diferentes, das quais 26 ainda estão ativas.

Na década de 1930, a comunidade húngara em São Paulo espalhava-se pelos bairros de Vila Anastácio, Mooca, Vila Pompéia, Ipiranga, entre outros, e contava com 30 mil pessoas. Para atender esse público, nasceram importantes periódicos da comunidade húngara paulistana.

Os jornais húngaros no Brasil[92]

Após a Primeira Guerra Mundial, surgiram os primeiros jornais em língua magiar no Brasil, que logo se transformaram em formadores de opinião da comunidade, tendo como missão, muito importante naqueles anos iniciais, orientar e amparar o húngaro inseguro e alheio à língua e às circunstâncias da vida no Brasil.

O primeiro jornal húngaro impresso em São Paulo foi fundado em 1922 e chamava-se Jornal Húngaro da América do Sul - *Délamerikai Magyar Ujság* –, que, após vários donos

---

[92] Texto baseado em: BOGLÁR, Lajos. *Mundo húngaro no Brasil:* (do século passado ate 1942). São Paulo: Humanitas, 2000.

115

O *Délamerikai Magyar Hírlap* foi editado entre as décadas de 1930 e 1960 e tinha circulação no Brasil e Argentina. Propagandas de empresas húngaras, prestação de serviços e notícias da comunidade formavam seu conteúdo editorial. O jornal também foi responsável por uma intensa campanha contra a ida de imigrantes húngaros para as fazendas do interior de São Paulo. Acima, a gráfica do jornal.
ACERVO ABADIA SÃO GERALDO

e redatores, passou às mãos de Sándor Zimmermann. Entre os seus redatores destacava-se Jeno Liki, importante e influente membro da colônia. Nessa época, o outro jornal húngaro do Brasil era o Jornal Húngaro Sul-americano – *Délamerikai Magyar Hírlap* –, fundado no Rio de Janeiro, em 1923, por Leo Orbán. Mais tarde foi transferido para São Paulo, ocupando-se, em primeiro lugar, com os húngaros imigrantes em massa. Ambos os jornais encontraram lucrativo negócio na propaganda e era praxe acusá-los de serem, em primeiro lugar, empreendimentos comerciais e de basearem toda a sua subsistência nos imigrantes húngaros.

As massas húngaras que chegavam em São Paulo, nos primeiros anos da década de 1920, encontraram nas páginas dos periódicos alertas e informações preciosas sobre as condições de trabalho nas fazendas: "*Húngaros, não sigam para as fazendas!*", era a

As comunidades imigrantes e sua imprensa | Húngaros

manchete que identificava a campanha do *Délamerikai Magyar Hírlap* contra a arregimentação de mão de obra húngara para o trabalho no interior do estado de São Paulo. O maior resultado obtido por essa foi a prisão do redator do jornal a pedido dos agentes prejudicados pela campanha.

Devido às constantes dificuldades financeiras, os donos do *Délamerikai Magyar Hírlap*, tinham que vender cada exemplar impresso do jornal. "Deste modo, preenchiam o jornal com sensacionalismos de acordo com a sede dos leitores. Mas tais princípios de redação, se por um lado aumentaram a venda dos exemplares nas ruas, por outro, eram muito prejudiciais do ponto de vista educacional. À edição e redação do jornal misturavam-se naturalmente atividades paralelas e pequenos negócios, tais como venda de passagens de navio, de casas e terrenos, de terras, agenciamento, etc., que eram empreendimentos de suma confiança e que os húngaros aproveitaram de bom grado, ainda que disso surgissem problemas e desavenças.[93]

Serviços à comunidade húngara também eram encontrados nas páginas dos jornais húngaros. Em 1928, o *Délamerikai Magyar Hírlap* editou uma gramática húngaro-português, de autoria de Nándor Bárány e Zsigmund Fodor, com a finalidade de colaborar com os imigrantes recém-chegados em sua adaptação no Brasil. Destaca-se, ainda, a publicação pelos jornais húngaros de São Paulo de almanaques que ofereciam anualmente retratos variados da comunidade húngaro-brasileira.

Apesar do trabalho desenvolvido na comunidade de São Paulo e sua valorosa colaboração na adaptação do imigrante húngaro em São Paulo, à medida que a colônia se consolidava, diminuía a importância dos jornais nos meios húngaros, processo inverso ao ocorrido em outras comunidades de imigrantes estabelecidas na cidade. Essa situação não melhorou muito com o fato de os jornais passarem para a propriedade e direção da Paróquia Católica Romana, apesar de, sob a direção dos beneditinos, o nível e o conteúdo dos jornais tornarem-se melhores e mais unificados.

Durante a guerra, a política de nacionalização de Vargas e suas medidas restritivas sufocaram as letras húngaras no Brasil, trazendo desinformação aos imigrantes sobre os fatos que ocorriam na Europa e na própria comunidade.[94]

Após a década de 1960, quando a comunidade húngara publicava revistas de caráter científico, ocorreu um pequeno renascimento do periodismo húngaro e, hoje, o *Hiradó* – jornal da Associação Húngara, é publicado trimestralmente em húngaro, com uma versão em português. Tem como objetivo principal relatar a crônica da comunidade húngara em São Paulo e oferecer espaço para manifestações de caráter cultural dos protagonistas da comunidade. É o principal veículo húngaro em circulação.

[93] BOGLÁR, op. cit. p. 93.
[94] Ibid. p. 94-95.

A segunda maior colônia lituana do mundo localiza-se na cidade de São Paulo, no bairro de Vila Zelina, e sua história tem quase 70 anos. Suas condições de formação, na mesma medida em que catalisaram forças identitárias, excluíram grupos em função da força de seus sinais diacríticos como o catolicismo, o cultivo da língua lituana e a residência no bairro. Ou seja, os imigrantes lituanos que, por opção ou necessidade, moravam em bairros distantes, os não católicos, os comunistas, socialistas ou simpatizantes do ideário de esquerda do movimento operário, os que buscavam integração mais rápida à sociedade brasileira ou, ainda, participavam animadamente de outros grupos de imigrantes, como os russos, ficaram de fora.[95]

ACERVO SAJUNGA: ALIANÇA LITUANA BRASILEIRA

---

[95] RAPCHAN, Eliane Sebeika. *Lituanos e seus descendentes*: reflexões sobre a identidade nacional numa comunidade de imigrantes. *Histórica*. Revista On Line do Arquivo do Estado de São Paulo. Nº 10, maio 2006.

As comunidades imigrantes e sua imprensa | Lituanos

Os lituanos e a diversidade de sua imprensa

Ao contrário de italianos, portugueses, japoneses e algumas outras nacionalidades, os lituanos não formaram uma corrente imigratória numericamente expressiva. Apenas 45 mil deles vieram para o Brasil. A singularidade da sua presença está na organização da comunidade e, sobretudo, nos motivos que resultaram nessa organização.

Após a independência, em 1918, uma grave crise econômica abateu-se sobre a Lituânia. No campo, a reforma agrária gerava um excedente de mão de obra e, nas cidades, concentravam-se grandes levas de lituanos que, residindo na Rússia, retornavam ao país, fugindo da Revolução Bolchevique. Na década de 1920, a falta de oportunidades ocasionou um forte movimento emigratório para a Alemanha, França, Reino Unido, Estados Unidos e, finalmente, para o Brasil.

A maior parte daqueles emigrantes era de camponeses e artesãos com pouca escolaridade. Sem perspectivas em seu país, pequenos proprietários rurais vendiam suas terras e também partiam em busca de novas oportunidades. Acalentando o sonho de um dia retornar, quase todos os lituanos que vieram para o Brasil chegaram nesse período. Em 1930, com a instalação do Consulado-Geral da República da Lituânia, no Rio de Janeiro, teve início a organização da comunidade no Brasil.

Com a ocupação da Lituânia e sua anexação à União Soviética, após a Segunda Guerra Mundial (1939-1945), criou-se o movimento nacionalista lituano pela independência, reunido em torno da Comunidade Lituana Mundial, com afiliadas em diversos países. Em 1958, foi criada a Comunidade Lituano-Brasileira que, congregando os lituanos e descendentes do Brasil, revitalizou as escolas lituanas fundadas na década de 1930 e promoveu a criação de grupos de danças folclóricas, escola do idioma lituano, grupo de escotismo, corais e diversas agremiações culturais e esportivas, além de uma imprensa atuante no conjunto da imprensa imigrantista no Brasil.

Matando a saudade

A imigração lituana no Brasil caminha para completar um século e foi ela quem originou a criação do jornalismo lituano no Brasil, como forma de matar a saudade da terra natal. Segundo pesquisas recentes[96], a comunidade lituana possuía nos anos 1930 mais de 20 jornais publicados no seu idioma, garantindo um sistema de permuta com grupos da Argentina, Estados Unidos,

---

[96] ZEN, Erick Reis Godliauskas. *O germe da revolução*: a comunidade lituana sob a vigilância do Deops. São Paulo: Arquivo do Estado/ Imprensa Oficial, 2006.

ACERVO SAJUNGA ALIANÇA LITUANO-BRASILEIRA

Uruguai e Canadá. Títulos de orientações diversas, comunistas, católicos ou comunitários, entre outros.

São Paulo, por agregar o maior número dos lituanos que chegaram ao Brasil até 1930, foi o berço das publicações informativas e atividades culturais lituanas. O primeiro jornal com caracteres lituanos editado no Brasil foi o *Brazilijos Lietuvis* (O Lituano no Brasil), seguido do *Pietus Amerikos Lietuvis* (O Lituano da América do Sul), e do *Garsas* (Som) e do *Lietuvis Brazilijoj* (O Lituano no Brasil), que acabou mudando o nome para *Lietuvis* (Lituano). Seguiram, entre os menos conhecidos, o *Sekmadienio Lapelis* (Folhinha de Domingo), o *Naujenos* (Novidades), *Lietuva* (Lituânia), o *Sirse* (Vespa), o *Jaunuju Ziedas* (Aliança dos Jovens), que tiveram curta existência.

Dentre os jornais lituanos de esquerda podemos citar como pioneiro o *Garsas* (Som), periódico comunista, editado por Adolpho Zovcas que, em 16 de outubro de 1930, teve portaria de expulsão decretada. A publicação desse periódico, que circulou inicialmente mimeografada, foi denunciada e apreendida em 3 de junho de 1930. Em seu lugar surgiu o *Darbiniku Zodis* – declarado como comunista e em prol do operariado –, sendo editado por Abrahão Kovalsky, com a colaboração de Albino e Anna Kynas. Kovalsky, judeu lituano radicado no Brasil desde 1929, também editava o *Músu Zodis – Brasilijos Lietuviu Darbininku Laikrastis* (1932), publicado em ídiche, com circulação clandestina. O *Lietuviu AIDAS Brazilejoje* (Eco da Lituânia no Brasil) foi criado por Kostas Uckus e Antanas Dutkus, de reconhecida postura anticlerical e defensor de um socialismo moderado. Em oposição a esses, situava-se o *Musu Lietuva* (Nossa Lituânia), jornal anticomunista fundado em 1948, ligado à Igreja Católica, que contava com a participação de imigrantes deslocados de guerra.

Os jornais lituanos[97]

Brazilijos Lietuvis

A palavra escrita em lituano, em jornal, surgiu no Brasil somente no início do segundo semestre de 1927 (2/7/1927), quando J. Stankaitis e Kostas Uckus lançaram o *Brazilijos Lietuvis*, primeiro jornal da comunidade lituana no Brasil e que tinha por objetivo tratar e defender os interesses dos lituanos imigrantes e combater os fascistas lituanos. De caráter democrático-socialista, o jornal colocava-se contra o totalitarismo nacionalista em expansão na Europa naquele momento. A tendência esquerdista do jornal manifestava-se em diversos artigos de fundo, em sua luta pela organização dos lituanos no Brasil, pela fundação de escolas e pela prisão de J. Stankaitis, acusado de difusor do comunismo no Brasil e que foi substituído no comando do periódico por Juozas Ruskys, que dirigiu o jornal por dez edições.

Em setembro de 1927 o jornal contava com 30 assinantes e 200 exemplares eram vendidos em bancas da capital e outros 270 eram distribuídos a título de cortesia, propaganda ou enviados aos anunciantes. Sua última edição circulou no dia 3 de dezembro de 1927. Após cinco meses lutando contra as dificuldades financeiras, o *Brazilijos Lietuvis* cerrava as portas.

---

[97] JAKATANVISKY, Jonas. *Os imigrantes lituanos em São Paulo (Brasil):* o início 1880-1931. São Paulo; All Print Editora, 2006. p. 226-237.

As comunidades imigrantes e sua imprensa | Lituanos

Pietu Amerikos Lietuvis

Cerca de um mês após o fechamento do *Brazilijos Lietuvis*, a comunidade lituana de São Paulo conhecia um novo título em circulação: o *Pietu Amerikos Lietuvis*, (O Lituano da América do Sul), lançado em 1° de janeiro de 1928.

Iniciativa de Vilhelmas Kirsteinas, o semanário de tendência esquerdista trouxe para a redação o mesmo J. Stankaitis, do pioneiro *Brazilijos Lietuvis* e do *Juozas Ruskys*, que comandou o jornal até o número 31. O jornal, ligado à Sociedade Ausra, que reunia os lituanos de São Paulo, funcionava como plataforma de divulgação da venda de terras na "Colônia Nova Lithuania", do grupo Alfa. Aos poucos, o jornal foi deixando o esquerdismo de lado e passou a defender posições religiosas, aproximando-se dos clérigos da comunidade. Em 9 de julho de 1929, mais uma vez devido às dificuldades financeiras, o periódico deixou de existir.

Garsas

Com a decadência da Sociedade Ausra e com a organização da União dos Lituanos do Brasil, aparece nas bancas, no dia 16 de setembro de 1928, o jornal *Garsas* (SOM), de tendência esquerdista e que era impresso na gráfica Birute de propriedade de Kostas Uckus. Adolfas Zauka, J. Vaiciekauskas, J. Zibolis. Alfonsas Marma, K. Ramanuskas, Stasys Tolutis, Stasys Slikta e mais tarde, Stasys Vienazindis, formavam o pequeno grupo de colaboradores do semanário.

Disputas e dissenções dentro da associação da comunidade levaram ao afastamento do grupo pioneiro em 1930, quando a redação do *Garsas* foi assumida pelo jovem comunista Alfonsas Marma. Com o controle dos comunistas sobre a União dos Lituanos no Brasil, a orientação comunista do jornal ficou cada vez mais evidente chegando, inclusive, à publicação de um manifesto revolucionário às vésperas do 1° de maio de 1930, Dia do Trabalho, ação que nenhum outro órgão comunista teve a audácia de publicar num país estrangeiro. A ação do Estado brasileiro logo se faria sentir.

Em 28 de abril daquele ano, a polícia secreta invadiu a sede do *Garsas* e, além de apreender publicações e documentos, prendeu os responsáveis pelo jornal, entre eles Alfonsas Marma. As perseguições ao jornal continuaram no dias seguintes, prisões, fugas, clandestinidade e indiciamentos passaram a ser rotina para os envolvidos com o *Garsas*. Finalmente, em 17 de maio, são confiscados os arquivos, contas, tipos, cartas do jornal e da União dos Lituanos no Brasil e acontecem novas prisões. Todas as filiais foram lacradas e o *Garsas* deixa de circular no dia 24 de maio de 1930.

Lietuvis Brazilijoj

No dia 13 de janeiro de 1929, ainda paralelamente ao *Pietu Amirikos Lietuvis*

Jornal *Lietuviu Aidas Brazilijoj* (Eco dos Lituanos no Brasil). São Paulo, 2 abr. 1932.
ACERVO ARQUIVO PÚBLICO DO ESTADO DE SÃO PAULO

e ao *Garsas*, começou a circular o terceiro informativo, o Jornal Lituano – *Lietuvis Brazilijoj*. O jornal adotou um tom belicoso desde o primeiro número e, por isso, não angariou simpatia na coletividade. Suas dificuldades financeiras levaram-no a ser assumido pela Cooperativa Jornalística Sviesa, a partir de junho de 1929. Sob novo controle e orientação católica, o jornal passou a ter como editor Stasys Puisys, em substituição a Juozas Ruskys.

Com a nova orientação católica, o jornal sofreu violenta oposição comunista, culminando na invasão de sua sede em 25 de outubro de 1930. A depredação foi total. Incendiaram os arquivos, documentos, móveis, tipos e equipamentos. Posteriormente, os manifestantes dirigiram-se ao Consulado da Lituânia, onde depredaram as vidraças, e a Igreja Santo Antônio do Pari, onde, entoando a Internacional Socialista, atacaram o primeiro capelão lituano da colônia, padre Jeronimas Valaitis. A *"marcha dos irmãos lituanos"*, como ficou conhecida, resultou no fechamento do jornal devido aos enormes prejuízos causados.

Lietuviu Aidas Brazilijoj

Com o fechamento do *Garsas*, Kostas Uckus lançou, no dia 21 de junho de 1930, o mais novo semanário, o *Lietuviu Aidas Brazilijoj*. Aqueles que se arregimentavam em torno do jornal *Garsas* contavam novamente com um órgão de divulgação para defender a esquerda. Pregava contra a ditadura que se instalara na Lituânia e contra o cônsul que representava esse governo em São Paulo. Vale ressaltar que a Tipografia Birute, de Kostas Uckus, era a principal gráfica e tipografia do ramo, editando a maioria das publicações em lituano.

Musu Zodis (Nossa Palavra)

A Associação Kultura, que se formou com uma parte dos membros do desmembramento da União dos Lituanos no Brasil aparecia raramente no noticiário, a não ser nas edições do próprio jornal *Musu Zodis*, com clara tendência comunista. Foi lançado em 1931 e, além de Antanas Dutkus, tinha como principal redator Alfonsas Marma.

Musu Lietuva

O jornal *Musu Lietuva* foi fundado pelo padre Pijus Ragazinskas, Bronius Sukevicius, Juozas Matilionis e Motiejos Tamaliunas. Escrito em lituano, trazia as notícias da Lituânia, artigos dos imigrantes lituanos no Brasil e reportagens que fossem do interesse da colônia.

O número 1 do jornal lituano *Musu Lietuva*, lançado em São Paulo em janeiro de 1948 e confiscado em fevereiro, o por ocasião da independência da Lituânia, não foi interpretado como "perigoso" para a ordem pública. Na capa trazia estampado um gran-

As comunidades imigrantes e sua imprensa | Lituanos

ACERVO SAJUNGA ALIANÇA LITUANO-BRASILEIRA E COLEÇÃO PARTICULAR

de sol que iluminava uma singela aldeia povoada por pombas que voam em primeiro plano. Essa imagem poderia ser interpretada como o anúncio de uma Nova Era extrapolando a simples expressão nostálgica da velha aldeia-mãe esquecida na Lituânia.

Transformado em revista, *Musu Lietuva* mantém-se ainda hoje como importante veículo de comunicação da coletividade lituana de São Paulo. Fundada por Bronius Sukevicius, Juozas Matelionis e Motiejus Tamaliunas, começou a circular em 1948 e, de maneira ininterrupta, mantém-se até os dias de hoje. Com 16 páginas, é escrita nos idiomas lituano e português e cobre toda a vida comunitária, além de trazer o noticiário dos acontecimentos da Lituânia, em particular.

Obeznik brazilskych Cechoslovaku — Circular Tchecoslovaco
Distribuição interna

CechoBrazilián

OUTUBRO DE 1959　　　　　　　　NÚMERO 16/17

Vychazi nepravidelne. Vydava a rediguje Al Jablonsky. Naklad 1000. Rezimi cena tohoto vytisku: CrS 15,00. Predplatne se nezada; dobrovolne prispevky na tiskovy fond (v jakekoli mene) vitany. Seky, "valor declarado" a pod. se neprijimaji. Bankovky nutno vlozit do neprusvitne obalky a zaslat na adresu Caixa Postal 10624, São Paulo, Brasil. Plnym jmenem, znackou nebo pseudonymem podepsane clanky a poznamky nevyjadruji nutne stanovisko vydavatele.

VERITAS VINCIT

OS PAISES
DA COROA
TCHECA

(BOHÊMIA)

ZEME
KORUNY
CESKE

ČESKOSLOVENSKÁ REPUBLIKA
(DESDE 1918)

J. V. Sládek:

BYLI JSME A BUDEM

BYLI JSME A BUDEM,
JAK JSME BYLI DOSUD,
RANAMI A TRUDEM
NEZLOMI NAS OSUD.

PRES VLN BURNE VZTEKY
NA SVE CESKE SKALE
BILI JSME SE VEKY.
BIT SE BUDEM DALE!

PRAPORY JSOU ZDRANY,
KROV JE HRICKOU HROMU,
PREC JEN ZBUDEM PANY
MY VE VLASTNIM DOMU.

"... Essa é uma Nação livre... Os que lutam pelas causas justas não são obrigados a silenciar"
　　　　　　　　　　　　　　　　　　Juscelino Kubitschek

CechoBrazilián

FEVEREIRO DE 1959　　　　　　　　NÚMERO 10

O NOSSO DEVER:

LUTAR, AO LADO DOS BONS BRASILEIROS, CONTRA A INFILTRAÇÃO COMUNISTA

/A Diretoria da «União Cultural e Recreativa Tchecoslovaco-Brasileira» de São Paulo, a fim de dificultar a infiltração na «União" de elementos vermelhos e cor-de-rosa, e criar entre os socios um ambiente de confiança, resolveu exigir de cada socio, seja ele tchecoslovaco ou brasileiro, a assinatura sob a seguinte declaração, inscrita no Livro dos Socios da União: "Declaro que não sou membro do partido comunista ou de qualquer sociedade de tendencia comunista e que não concordo com a ideologia comunista." O resultado desse louvavel ato foi que seis homenzinhos apresentaram um protesto — e ameaçaram ir com sua queixa à Justiça, se for necessario — declarando que a Diretoria não tem direito de exigir dos socios uma declaração contra um determinado partido politico (!) pois os estatutos da «União» só permitem atividades culturais e recreativas, isto é, não politicas. Em resposta à esse protesto demagógico foi, no dia 31 de janeiro deste ano, convocada uma reunião extraordinaria dos sócios da «União», durante a qual, entre outros oradores, tomou a palavra o sr. Karel Baloun, de cujo discurso transcrevemos abaixo alguns trechos de importancia.—*Cecho-Brazilian*/.

Senhoras e Senhores!

Faz quase 10 anos que pela primeira vez entrei nestes lugares, feliz... que existe, tantos quilometros da nossa patria, algum recinto onde se encontra gente da mesma origem, falando a lingua nos tão querida, e, com orgulho, ouvi contar como os membros da sociedade «28 de Outubro» (= nome antigo da "União Cultural) ajudaram com donativos e propaganda... aos bravos soldados tchecoslovacos na luta contra o nazismo. Quem perguntou naquela ocasião se a Sociedade trabalhava politicamente? Quem se opôs à ... uma coisa sagrada?... Porque ninguem levantou a voz dizendo que isso foi uma ação politica (contra) os estatutos da Sociedade...?

Depois de 1948 apareceram no Brasil refugiados

CECHOSLOVACI V BRAZILII

◆ Na radne valne hromade, konane dne 18. ledna 1958, bylo usneseno, ze kazdy clen spolku «Union Cultur. e Recr. Tchec.-Bras.» jest povinen podepsat, ze neni clenem komunisticke strany a nesouhlasi s kom. ideologii. Toto usneseni bylo znovu potvrzeno novym vyborem «Union», zvolenym na radne valne hromade dne 24. ledna 1959. Novy vybor vypada takto: predseda Viktor Klouba, mistopredseda Emanuel Pouba, 1. tajemnik Mario Inocenti, 2. tajemnik Karel Baloun, 1. pokladnik Ing. Miroslav Lhotsky, 2. pokladnik Ladislav Honsnajman, kniho-

As comunidades imigrantes e sua imprensa | Tchecos

Os tchecos no Brasil e a imprensa militante

O missionário jesuíta Valentin Stansel, representante da Companhia de Jesus, é considerado o primeiro tcheco a ter uma atuação no Brasil, entre 1656 e 1705, mas foi no ano de 1823 que os primeiros sinais da emigração tcheca para o país aparecem, com a chegada do primeiro grupo de imigrantes a Minas Gerais. A partir daí, três ondas imigratórias marcaram a presença tcheca no Brasil: anos 1930, década de 1950, ascensão dos comunistas ao poder, e pós-Primavera de Praga, em 1968. No total, formaram uma população de aproximadamente duas mil pessoas, que se estabeleceram em São Paulo e no sul do Brasil, tornando-se, frequentemente, uma minoria em áreas de colonização majoritariamente alemã ou polonesa.

A imprensa militante tcheca no Brasil[98]

A primeira associação tcheca na América do Sul foi fundada em São Paulo, em 13 de outubro de 1893. Assim, a primeira manifestação do jornalismo tcheco em território brasileiro esteve ligada à vida da associação, que começou a publicar, em 1902, o *Vestnik spolku Slavia* (Jornal da Slavia), do qual não se conservou o número de publicações ou o tempo pelo qual foi publicado. É provável que este tenha sido o primeiro periódico tcheco na América Latina.

O responsável pela publicação e promotor do jornalismo tcheco na América Latina foi Frantisek Vladimir Lorenz, residente da colônia São Feliciano/RS (atualmente Dom Feliciano). Lorenz apareceu no começo dos anos 90 do século 19 como um dos porta-vozes da juventude revolucionária tcheca perseguida pelas autoridades austríacas. Em 1893, partiu para o Brasil como membro da expedição que quis fundar um povoado tcheco no Rio Grande do Sul. Sua experiência e capacidade criadora fariam dele um redator

ACERVO MEMORIAL DO IMIGRANTE

---

[98] KÁZECHY, Stanislav. *Publicações tchecas no Brasil:* contribuição à história do jornalismo e imprensa tcheca no Brasil. São Paulo. Paper, 2009.

As comunidades imigrantes e sua imprensa | Tchecos

ideal. Provavelmente no ano de 1901, a *Slavia* mandou trazer um hectógrafo da Europa, feito que iniciou a publicação da revista. O número inicial da revista Slavia apareceu em novembro de 1902 com o título *"Slavia", Orgán Cechu v Brazilii/Slavia* (Órgão dos Tchecos no Brasil). O primeiro número teve um destino nefasto. A maior quantidade foi enviada a São Paulo e acabou sendo confiscada pelas autoridades. A razão para tal foi provavelmente uma denúncia contra os imigrantes tchecos, feita por intrigas dos representantes do governo austro-húngaro no Brasil. Depois, por problemas técnicos na impressora, a publicação desse jornal foi abandonada.

A Primeira Guerra Mundial transformou-se em nova motivação para os tchecos residentes no Brasil. Treze anos depois do esforço frustrado de Lorenz era publicada a revista intitulada *Slovan*. Tendo como redator Jan Veselý e contendo quatro páginas, seu primeiro número datava de 15 de julho de 1915 e a revista orientava-se claramente em favor da luta de libertação nacional, com conteúdo voltado exclusivamente para tchecos e eslovacos instalados no Brasil. Três números dessa publicação estão guardados no Arquivo Literário do Monumento da Literatura Nacional, em Stare Hrady, na República Tcheca.

Em 1923, apareceu em Buenos Aires um periódico com difusão na América Latina: o *Jihoamericky Cechoslovák* (O Tchecoslovaco Sul-Americano). No Brasil, entretanto, os imigrantes tchecos passaram a publicar uma revista apenas no início dos anos 1930.

A maior intensidade de registro da existência de jornais tchecos no Brasil se dá a partir dos anos 1950. No ano de 1953, era publicado no Rio de Janeiro o boletim da União Tchecoslovaca no Brasil, o *"Jihoamerikán"*, que foi editado e redigido por Vladimir Nosek.

Depois da Segunda Guerra Mundial os compatriotas tchecos em solo brasileiro se dedicaram a publicações de material didático para os imigrantes, como aconteceu, por exemplo, com o *Manual Tcheco-Brasileiro*, no ano de 1949, editado pelo capelão Jonas Janácek, na Ilha das Flores, Rio de Janeiro. *O Dicionário Tcheco-brasileiro* foi publicado no ano de 1950, pela Companhia de Viação São Paulo – Mato Grosso, de propriedade do imigrante tcheco Jan Antonin Bata.

Alexander Cejnar

Para o jornalismo tcheco na América Latina pós-Segunda Guerra Mundial, o nome de Alexander Cejnar é essencial. A partir dos anos 1950 até os anos 1990, dedicou-se à publicação de diversas revistas de exílio, voltadas para a vida política da Tchecoslováquia e da Europa. Essas revistas foram editadas sob nome diferentes, como: *Cecho-Brazilian*, *Cecho-Evropan*, *Brazilske listy*, *Mladá Evropa*, *Europinion*, *Osvena*, *Zaklady* e *Zapadoslavia*. A revista dedicada exclusivamente à colônia tcheca no Brasil era a *Cecho-brazilían*, editada no ano seguinte sob o nome de *Cecho-Evropan* e *Brazilské listy*. Em todo esse material impresso é recorrente a forte orientação anticomunista.

Cecho-Evropan, Brazilske listy, Mladá Evropa, Europinion, Osvena, Zaklady e *Zapadoslavia* são os diferentes nomes de uma mesma publicação, surgida nos anos 1950, destinada à comunidade tcheca no Brasil.
ACERVO CONSULADO DA REPÚBLICA TCHECA EM SÃO PAULO

A imigração coreana no Brasil começou oficialmente em 23 de fevereiro de 1963 e atraiu cerca de 80 mil pessoas entre os anos 1960 e 1970. Os sul-coreanos foram uma das últimas correntes imigratórias para o Brasil e o último grupo a ocupar a Hospedaria de Imigrantes do Brás, em 1978. Fundação da primeira associação de coreanos no Brasil. São Paulo (SP), 1962.
ACERVO MEMORIAL DO IMIGRANTE

As comunidades imigrantes e sua imprensa | Coreanos

Expressão da vida comunitária dos coreanos em São Paulo

Em 1918, seis pessoas de nacionalidade coreana vieram visitar o Brasil. Gostaram do que viram e não retornaram e, por isso, são considerados os pioneiros da imigração coreana para o Brasil. Em 1956, vieram mais 55 pessoas, um pequeno grupo de coreanos que haviam sido prisioneiros na Guerra da Coreia (1950-1953), e, a partir de então, pequenos fluxos imigratórios aconteceram. O grande período da imigração coreana, porém, ocorreu a partir da década de 1970.

Em 2008, a imigração coreana para o Brasil completou 45 anos. Iniciada no dia 12 de fevereiro de 1963, data da chegada do primeiro grupo oficial de imigrantes, a imigração coreana foi uma das últimas do processo imigratório para o Brasil, iniciado ainda no século XIX.

Esses primeiros imigrantes (107 pessoas) vieram na condição de colonos agrícolas para a formação de fazendas e núcleos coloniais, onde encontraram problemas com a ausência de infraestrutura para se dedicar à agricultura e problemas legais da terra, que impediram sua fixação no campo. Diante disso, os novos grupos que chegaram fincaram suas bases nas cidades, principalmente em São Paulo, onde se dedicaram ao comércio e ao ramo de confecções.

Estabelecidos na cidade, os coreanos, como havia ocorrido com outros grupos de imigrantes, sofreram dificuldades de adaptação, devido aos costumes, culturas e

idioma radicalmente diferentes. Superados esses obstáculos, hoje estão assimilados, promovendo a integração da cultura milenar coreana com as tradições brasileiras.

Na cidade de São Paulo, os bairros do Bom Retiro e do Brás se destacam por abrigar inúmeras indústrias e comércio de artigos vestuários comandados por coreanos, que também se dedicam a outros setores e atividades econômicas, como o comércio varejista, indústria e comércio de produtos eletroeletrônicos, comércio exterior, profissões

Jornal ChoSun Brasil - Fundado em maio de 1987 por Byung Jin Min, reproduz textos enviados da Coreia para que a comunidade saiba o que acontece no seu país natal. É distribuído nos dias úteis apenas para assinantes interessados em notícias da Coreia.
ACERVO MEMORIAL DO IMIGRANTE

liberais (engenheiros, arquitetos, médicos, advogados, dentistas, artistas), entre outros.

A vida comunitária

A vida comunitária associada às atividades religiosas – principalmente evangélicas –, industriais e comerciais contribuiu para a adaptação do elemento coreano em território paulistano e resultou na criação de várias associações coreanas de cunho religioso, cultural, esportivo ou representativo. "Dois mecanismos aparecem como fundamentais à compreensão da rápida mobilidade econômico-social experimentada pelos coreanos em São Paulo: o engajamento da família no trabalho e a capacidade de articular redes internas à colônia para facilitar a inserção na nova pátria. Eles foram capazes de, em pouco tempo, se autossustentarem no ramo de confecções, superando grupos humanos tradicionais neste setor, como os judeus."[99]

As igrejas protestantes tiveram um papel fundamental na integração da comunidade coreana à sociedade brasileira. Funcionando como espaços de redes sociais "permitiram uma estabilização financeira relativamente rápida dos coreanos no país e se transformaram em locais de encontro daqueles que compartilham os mesmos laços culturais e que proporcionam sentimento de pertencimento. É também nas igrejas que os coreanos que vivem no Brasil fazem contatos de negócios e constroem novos alicerces afetivos, que passam a substituir os alicerces

[99] Associação de Pesquisa e Documentação Histórica (Brazil). Revista Estudos Históricos, M. 27-30, p. 151, 2001.

As comunidades imigrantes e sua imprensa | Coreanos

Jornal News Brasil - Fundado em maio de 1985 por Jung Nam Kim, traz notícias do Brasil (escritas em coreano para quem não entende o português) e classificados. Circula nos bairros da comunidade (Bom Retiro, Brás e Aclimação) e nas associações coreanas.
ACERVO: CONSULADO DA REPÚBLICA DA COREIA EM SÃO PAULO

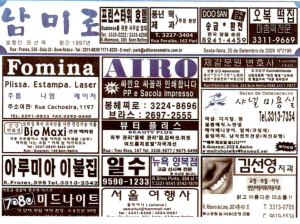

Namiro - Fundado por Soon Wook Kwon, em novembro de 1998, traz anúncios, prestação de serviços e reportagens de saúde.
ACERVO MEMORIAL DO IMIGRANTE

familiares deixados na Coreia do Sul. Desta forma, as atividades desenvolvidas pela instituição religiosa cristã na afirmação do coreano em solo paulista tiveram um "importante papel, dando suporte social e econômico aos imigrantes e colaborando para sua inserção na sociedade brasileira."[100]

A manutenção cultural nas comunidades coreanas atesta essa realidade. Eles mantêm os serviços religiosos na língua natal, as atividades de recreação preservam os jogos coreanos, a culinária tradicional faz parte de seu cotidiano e possuem, em língua coreana, uma mídia bastante diversificada, onde se destacam os jornais diários e semanais *Cho Sun, Dong-A, Han Kook, Joong Ang, Jornal Fashion, Namiro, News Brasil, São Paulo Journal* e a revista *Idealismo e Cultura*. Essas publicações concentram suas redações nos bairros do Bom Retiro, Brás e Aclimação, auxiliando o novo imigrante a se situar no novo país. O noticiário dos jornais coreanos de São Paulo tem como foco a situação política e econômica da terra natal, os conflitos com a Coreia do Norte e a cobertura geral da vida comunitária na cidade. Além dos periódicos gerais, a imprensa coreana em São Paulo possui publicações de caráter religioso – jornais de igrejas e tabloides focados na vida cotidiana da comunidade e prestação de serviços. Os principais títulos em circulação são: *Jornal Cho Sun Brasil, Diário Joong-Ang, Jornal News Brasil, Boletim Interno da ABC, Diário Dong-A, IMOSP, Namiro, São Paulo Journal, Bom Dia News* e *Nammi Don-A*.

[100] Idem.

Imigrantes letos na inauguração do hospital da colônia de Varpa (SP), 1938
ACERVO MEMORIAL DO IMIGRANTE
COLEÇÃO MILIA TUPES

Jovens imigrantes búlgaros, Mairinque (SP), 1925
ACERVO MEMORIAL DO IMIGRANTE
COLEÇÃO NEIDE JUCIOS

Família polonesa. Polônia, 1923.
ACERVO MEMORIAL DO IMIGRANTE

Família russa na colônia, em Presidente Epitácio (SP), 1930.
ACERVO MEMORIAL DO IMIGRANTE

As comunidades imigrantes e sua imprensa | **Outras comunidades**

Outras comunidades: outras publicações

Outras comunidades de imigrantes estabelecidas em São Paulo possuíram ou possuem periódicos, normalmente ligados a associações culturais, clubes ou consulados, e surgiram após a década de 1960, quando se encerra o período da grande imigração para o Brasil. As publicações mais recentes, além de serem dirigidas às comunidades espalhadas pela cidade de São Paulo, podem ser identificadas, enquanto imprensa imigrante, também pelo uso de idiomas estrangeiros. Hoje, entre as comunidades imigrantes de São Paulo podemos destacar:

Poloneses

Os imigrantes poloneses no Brasil não formam um número expressivo como os italianos e portugueses. Porém, um grande número de imigrantes estabeleceu-se no país entre 1869 e 1920. Estima-se que 60 mil poloneses vieram para o Brasil, 95% dos quais se estabeleceram no Paraná. Na década de 1920, vários imigrantes poloneses judeus estabeleceram-se na cidade de São Paulo, fugiam da deterioração da economia polonesa, ainda com poucas indústrias, e consequentemente do aumento do desemprego. Em São Paulo, tornaram-se comerciantes, a maioria no pequeno comércio, apesar de alguns, cerca de 20%, ingressarem na indústria como operários, principalmente aqueles que vinham da Polônia sem empregos.

Quanto à sua imprensa, as publicações polonesas eram produzidas no Paraná e circulavam pela comunidade sediada em São Paulo, fato que ainda ocorre. Eram revistas, calendários, almanaques e jornais, escritos em polonês e português. Os principais jornais editados no Brasil foram o *Lud*, *Nowy Lud*, *Gazeta Stolat*, *Kurier* e, hoje, o *Polska w Brazylii* que retratam fatos importantes da vida comunitária e da história dos descendentes poloneses no país.

Calendário ilustrado chamado *Jornal Polonês e Brasileiro*, o *Gazety Polskiej w Brazylii*, edição de 1938. O manual veio com famílias polacas que chegaram durante a colonização do Paraná.
ACERVO *JORNAL POLSKA W BRAZYLII*

Armênios

Povo milenar, de origem indo-europeia, que, historicamente, sempre ocupou o Cáucaso, região da Europa Oriental e da Ásia Ocidental, entre o Mar Negro e o Mar Cáspio, os armênios aportaram no Brasil por volta de 1880 e hoje formam uma comunidade que reúne entre 90 e 130 mil pessoas no Brasil, concentradas principalmente nas cidades de São Paulo e Osasco. Os primeiros registros da presença de armênios no Brasil remontam ao ano de 1880, quando para cá vieram os Mihran Latif, os Gasbarian, Rizkalla Tahanian – todos oriundos do sul desse país de tradições milenares.

Foi no período entre 1918 e 1926 que ocorreu a "grande imigração" armênia para o Brasil, consequência direta do genocídio implementado pelo governo turco-otomano contra as populações armênias durante o período da Primeira Guerra Mundial, principalmente em 1915.

Recebida pelas primeiras famílias armênias chegadas ao Brasil, no final do século XIX, onde se destaca a atuação de Rizkallah Jorge Tahanian, a maior parte dos recém-chegados dedicou-se à fabricação de calçados e atividades comerciais, misturando-se em meio à comunidade sírio-libanesa, também fugida do império turco-otomano, na região da Rua 25 de Março.

Os armênios começaram a ganhar a vida no novo país de maneira bem humilde, como mascates, pequenos comerciantes, operários e sapateiros. Logo, a comunidade se organizou ao redor de suas igrejas e escolas. Também surgiram agremiações esportivas e culturais, bem como uma pequena imprensa que informava e integrava o imigrante ao território paulista.

Desde seu primórdio até os dias de hoje, a imprensa da comunidade armênia no Brasil, seja ela a comunista do jornal *Ararat*, a ligada às associações comunitárias armênias ou aquelas das

entidades religiosas, luta pelo reconhecimento internacional, principalmente turco, do genocídio empreendido contra os armênios em 1915, ao mesmo tempo que, mais recentemente, noticia a comunidade espalhada pelo Brasil sobre os acontecimentos da jovem República da Armênia, surgida do desmembramento da ex-União Soviética.

Gregos

Desde os primeiros comerciantes que chegaram ao país em meados do século XIX, passando pelos colonos das fazendas de café do interior do Estado de São Paulo, além daqueles que vieram para trabalhar na construção da Ferrovia Madeira-Mamoré, em Rondônia, até a chegada dos imigrantes pós-Segunda Guerra Mundial, refugiados da guerra civil de 1949 que opôs direitistas e comunistas, a presença grega em São Paulo é significativa.

Vivendo principalmente nos bairros do Bom Retiro, Mooca e Brás, a comunidade grega de São Paulo conta com aproximadamente 10 mil pessoas, entre nativos e seus descendentes e, como as demais comunidades, fundou institutos e associações que divulgam

As comunidades imigrantes e sua imprensa | **Outras comunidades**

a sua cultura e tradições na sociedade paulistana. O jornal *Olímpia*, que circulou entre as décadas de 1980 e 1990, foi o marco da imprensa grega de São Paulo que hoje publica *newsletters* e *homepages* ligadas à igreja ortodoxa grega e às associações comunitárias.

Entre essas publicações destaca-se o informe mensal *ELLÁS*, que surgiu em 2007, por iniciativa da Coletividade Helênica de São Paulo. O objetivo da publicação, informado em seu primeiro número, é a criação de um canal de comunicação e divulgação dos assuntos referentes à comunidade grega de São Paulo. A cobertura da publicação envolve notícias da Grécia, fatos e festividades relativos à comunidade paulistana e se compromete a cultivar e compartilhar as tradições, língua, religião e cultura grega na comunidade.

Chineses

As raízes da imigração chinesa remontam ao ano de 1812 quando, por sugestão do Conde de Linhares, D. João VI autorizou a entrada de 2 mil chineses. Vieram apenas 400 e foram destinados às plantações experimentais de chá do Jardim Botânico e da Fazenda Imperial de Santa Cruz, no Rio de Janeiro, ambas sob controle do governo. Ao longo do século 19, algumas iniciativas isoladas introduziram outras pequenas levas de chineses no Brasil.

A primeira entrada oficial de chineses em São Paulo ocorreu em 15 de agosto de 1900. Eram 107 pessoas que, viajando no vapor Malange, procedente de Lisboa, desembarcaram no Rio de Janeiro, sendo conduzidas em seguida para a Hospedaria de Imigrantes, na cidade de São Paulo. Composto de agricultores, artesãos, pintores, ferreiros, carpinteiros, serradores e carroceiros, o grupo tinha como destino a cidade de Matão, onde já havia firmado contratos de trabalho com certos fazendeiros locais.

Após um longo período de estagnação ou de pouca expressividade, a imigração chinesa para o Brasil intensificou-se a partir de 1949, com a implantação do socialismo na China e a consequente fundação da República Popular da China.

Estima-se que, atualmente, 200 mil chineses residam no Brasil. Desses, 150 mil moram no estado de São Paulo, a maioria na capital. Essa comunidade é atendida por dois periódicos: o *Hulaian* (do Rio de Janeiro, mas impresso em São Paulo – existente há mais de 20 anos) e o *Jornal Chinês para a América do Sul* (de São Paulo), além do *Jornal Taiwanês* (também de São Paulo).

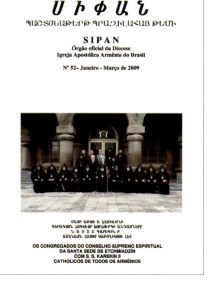

ACERVO MEMORIAL DO IMIGRANTE

As comunidades imigrantes e sua imprensa | Outras comunidades

Russos

A imigração russa para São Paulo, iniciada ainda no século 19, estendeu-se até a década de 1960, quando, desde então, apenas pequenos grupos isolados chegam à capital. Bastante diversa em sua composição social, religiosa e ideológica, a imigração russa caracterizou-se por possuir formas ricas e diversificadas de manifestação cultural e religiosa.

Com uma vida comunitária intensa, geralmente em torno das igrejas e associações religiosas, os russos de São Paulo editaram periódicos voltados para a vida comunitária e a preservação da unidade cultural do povo russo em território brasileiro. Entre os informativos da comunidade destaca-se o *DIZ*, criado em 1965 pelo padre Vicente Pupinis, o qual mantinha as características de uma publicação voltada para assuntos religiosos e da vida comunitária dos membros dos institutos São Vladimir e Santa Olga. Atualmente, a publicação de maior circulação entre os russos de São Paulo é a revista *Comunidade Russa*, que aborda temas de interesse geral, como as relações Brasil-Rússia, a vida social da colônia, gastronomia e turismo.[101]

Búlgaros

No Brasil, existe a estimativa de que a população de búlgaros e descendentes atinja a marca de 35 mil a 55 mil pessoas, estabelecidas principalmente no Paraná, Santa Catarina e São Paulo. O primeiro grupo significativo de imigrantes búlgaros chegou ao Brasil após a Primeira Guerra Mundial (1914-1918). Atraídos pelas promessas de passagem gratuita, trabalho e moradia. assistência médica e educação para as crianças, decidem pela nova pátria. Deixando as suas aldeias em trenós e carroças seguiam para a estação ferroviária na cidade de Belgrado, Romênia. Nos trens, atravessavam até três países antes de alcançarem os portos alemães de Bremen e Hamburgo, ou de Gênova, na Itália, onde embarcariam nos vapores com destino ao Brasil. Em 1926, chegavam as primeiras famílias para trabalhar nas fazendas de café do interior paulista. Outras seguiriam para o Paraná e o Rio Grande do Sul.

Foi em torno dessas comunidades que surgiu a imprensa búlgara no Brasil, que até hoje edita *newsletters* voltadas para a cobertura dos assuntos comunitários e religiosos, além de buscarem a preservação da cultura ancestral junto aos descendentes dos pioneiros da imigração búlgara para o Brasil.[102]

Letos[103]

Os primeiros imigrantes letos chegaram ao Brasil em 1890, estabelecendo-se na colônia de Rio Novo, no Estado de Santa Catarina, e mais tarde, em 1906, em Nova Odessa, no Estado de São Paulo. As primeiras imigrações ocorreram em função da difícil situação econômica da Letônia e das intensas propagandas e facilidades oferecidas pelo governo brasileiro no período do grande movimento imigratório.

No segundo momento, em 1922, ocorreu uma nova imigração, motivada por razões de ordem religiosa, para Varpa, também no Estado de São Paulo. Muitos desses imigrantes, de religião batista e luterana, vinham da Rússia, para onde haviam imigrado anteriormente e onde o regime político comunista cerceava a liberdade de culto religioso, prática essencial aos protestantes. Além dessas cidades em que foram fundadas as primeiras colônias, hoje há concentrações de descendentes de imigrantes letos também nas cidades de Ijuí, Jacu-Açu e Orleans, no Rio Grande do Sul e São Paulo.

Os letos em São Paulo organizaram-se em torno das igrejas luteranas e suas publicações, até as *newsletters* atuais mantém forte caráter religioso.

---

[101] VOROBIEFF, Alexandre. *Identidade e Memória da Comunidade Russa em São Paulo*. Tese (Mestrado) – FFLCH-USP, 2006 p. 45-46. e ep. 120.

[102] COCICOV, Jorge. *Imigração de búlgaros e gagaúzos bessarabianos*, São Paulo, Summa Legis, 2007.

[103] A partir de: http://www.labeurb.unicamp.br. www.pederneiras.sp.gov.br. www.letos.org.br.

As comunidades imigrantes e sua imprensa

O futuro da imprensa imigrante

Hoje, em São Paulo, são aproximadamente 40 publicações destinadas às comunidades de imigrantes e cobrem os mais diferentes assuntos, como política, economia, vida comunitária, turismo e prestação de serviços, entre outros, atingindo a marca de mais de 500 mil exemplares de tiragem, número bem superior àqueles obtidos pelos grandes diários nacionais. Eles circulam com uma periodicidade variada. Esses periódicos são órgãos de associações de diversas naturezas, de confissões religiosas variadas ou simples empreendimentos comerciais, distribuídos gratuitamente, vendidos em bancas ou através de assinaturas.

Na era de globalização, em que a internet e a TV a cabo invadem todos os setores do cotidiano, surge o grande dilema sobre o futuro desses meios de comunicação. Hoje, é cada vez maior o número de *sites* destinados às comunidades estrangeiras em São Paulo, muitos deles desenvolvidos pelos próprios órgãos da imprensa imigrante, numa clara demonstração de que a comunicação eletrônica em breve "substituirá" o jornalismo impresso na imprensa imigrante de São Paulo. Essa é uma marcha inevitável e que não representa o fim desse tipo de comunicação, mas, sim, sua adaptação às transformações tecnológicas pelas quais a própria sociedade atravessa.

Para determinarmos se esse tipo de mídia "está ou não com os dias contados, é preciso levar em conta não só o contexto imigratório ao qual ele se insere, mas também a que ela se propõe. Se, em seu início, tinha a função de trazer notícias da terra natal, hoje isso não se justifica, em especial, devido às novas tecnologias de comunicação; se tinha como função traduzir para o idioma da colônia o que estava acontecendo na comunidade, no Brasil e no mundo – bem como ajustar a adaptação do estrangeiro no novo território –, isso também não cabe mais, uma vez que o processo de assimilação e aculturação dos imigrantes que chegaram há mais de um século já se concluiu e muitas das gerações posteriores nem sequer dominam esse idioma. Por outro lado, se a publicação se propõe a manter vivas as tradições, culturas e preservar o idioma, o nacionalismo, etc. e, por que não, trabalhar a prestação de serviços ao seu público leitor, ela pode sobreviver perfeitamente e por tempo indeterminado."[104]

Que o jornal do futuro chegará aos leitores pelos mais diversos meios tecnológicos é uma verdade inabalável. E o que será do velho jornal impresso? Como sobreviverá na era da mídia eletrônica e digital? Possivelmente sobreviverá, e bem, se conseguir preservar seus valores e principais características. Para assegurar seu espaço, caberá ao veículo im-

[104] ESCUDERO, op. cit., p. 126-127.

Redação do São Paulo-Shimbun.
FOTO REVISTA ABIGRAF

presso investir na prestação de serviços, no texto interpretativo e analítico e em matérias que tenham implicações e repercussões na vida da comunidade imigrante.

Por último, vale lembrar que o atestado de óbito dos jornais diários e impressos foi lavrado em diversas oportunidades no último século, seja pelo aparecimento do rádio, da televisão ou da internet. Sua vida estará garantida enquanto ainda forem as principais fontes de notícias e de informação da sociedade. Como diz Ricardo Noblat[105], "que viva, pois, o jornalismo! Porque pouco importa a forma que os jornais venham a tomar no futuro, pouco importa se alguns deles acabarão preservados como espécies de relíquias – o homem sempre precisará de informação".

[105] NOBLAT, Ricardo. *A arte de fazer um jornal diário*. 7. ed. São Paulo : Contexto, 2007. p. 19.

ALVIM, Zuleika M. F. **Brava gente!:** os italianos em São Paulo (1870-1920). São Paulo: Brasiliense, 1986.

AMARAL, Márcia Franz. **Jornalismo popular**. São Paulo: Contexto, 2006.

BELLOTTO, MANOEL LELO - **A Imigração espanhola no Brasil**: estado do fluxo migratório para o Estado de São Paulo (1931-1936). São Paulo. Editora da Unesp, 2001

BERTONHA, J. Fabio. **A imigração italiana no Brasil**. São Paulo: Saraiva, 2004.

BIONDI, Luigi. Anarquistas italianos em São Paulo. O grupo do jornal anarquista "Lá Battaglia" e a sua visão da sociedade brasileira: O embate entre imaginários libertários e etnocêntricos. **Cadernos AEL**. Campinas, n. 8/9, 1998.

BLAY, Eva Alterman. As duas memórias. In: **Quando os judeus descobriram (e amaram).** São Paulo, **Revista Shalom**, São Paulo, n. 223, p. 9, 1984.

BOTÃO, Paulo Roberto. **Mídia comunitária**: novas tecnologias e a emergência do local. Trabalho apresentado no NP12–Núcleo de Pesquisa Comunicação para a Cidadania no XXV Congresso Anual em Ciência da Comunicação, Salvador/BA, 4 set. 2002.

CALDAS, Álvaro (Org.). **Deu no jornal**: o jornalismo impresso na era da internet. 2. ed. Rio de Janeiro: PUCRio, Edições Loyola, 2004.

CÁNOVAS, Marília. Imigrantes espanhóis na Paulicéia: trabalho e sociabilidade urbana, 1890-1922. Tese (Doutorado) – Faculdade de Filosofia, Letras e Ciências Humanas, Universidade de São Paulo, 2007.

_____. El Diario Español y las asociaciones españolas en São Paulo, en las primeras décadas del siglo XX. In: BLANCO RODRIGUEZ, Juan Andrés (Ed.). **El asociacionismo en la emigración española a América**. Zamora: UNED–Universidad Nacional de Educación a Distancia, 2008.

CAPARELLI, Sérgio. Identificação social e controle ideológico na imprensa dos imigrantes alemães. **Comunicação & Sociedade**, São Paulo, ano 1, n.1, p. 89-108, 1979.

CARNEIRO, M. Luiza Tucci. **Sob a máscara do nacionalismo**: autoritarismo e anti-semitismo na Era Vargas (1930-1945). São Paulo; Perspectiva/Universidade de São Paulo. 2001.

CARNEIRO, Maria Luiza Tucci, KOSSOY, Boris (Orgs.). **A imprensa confiscada pelo Deops (1924 – 1954)**. São Paulo: Ateliê Editorial/Imprensa Oficial/Arquivo do Estado de São Paulo, 2003.

CARVALHO, Kátia. Imprensa e informação no Brasil, século XIX. **Ciência da Informação**. Curitiba - Ancib/UFPR, v. 25, n. 3, p. 434-437, 1996.

CASTELLS, Manuel. **A era da informação**: economia, sociedade e cultura, o poder da identidade. São Paulo: Paz e Terra, 1999. 2 v.

CASTRO, Danilo Martins de. **O uso da cultura como forma de resistência**: os descendentes de italianos da Mooca. 1° SIMPGEO/SP, Rio Claro, 2008.

CENNI, Franco. Italianos no Brasil. 3. ed. São Paulo: Edusp, 2003.

CONSOLMAGNO, Marina. **Fanfulla**: perfil de um jornal de colônia (1893-1915). Dissertação (Mestrado em História Social) – Universidade de São Paulo, 1993.

CORRÊA, Ana Claudia Pinto. 2007. **Imigrantes judeus em São Paulo**: a reinvenção do cotidiano no Bom Retiro (1930-2000). Tese (Doutorado) – Pontifícia Universidade Católica, São Paulo, 2007.

COCICOV, Jorge - Imigração de búlgaros e gagaúzos bessarabianos, São Paulo: Summa Legis, 2007.

As comunidades imigrantes e sua imprensa | Bibliografia

CYTRYNOWICZ, Roney. Efeitos e imagens da mobilização civil na Cidade de São Paulo durante a Segunda Guerra Mundial. (Dotorado) – FFLCH/USP. Dissertação de doutorado. 1998.

DEMARTINI, Zeila de Brito Fabri. **Imigração e educação**: os portugueses em São Paulo no início do século XX. *Paper* apresentado no XV World Congress of Sociology, Brisbane, Australia, July 2002.

DIÉGUES JR., **Manuel. Imigração, urbanização e industrialização**: estudos sobre alguns aspectos da contribuição cultural do imigrante no Brasil. Rio de Janeiro: MEC/Inep, 1964.

DREHER, Martin N.; RAMBO, Arthur Blásio; TRAMONTINI, Marcos Justo. **Imigração & imprensa**. São Leopoldo: Instituto Histórico de São Leopoldo, 2004.

ESCUDERO, Camila . **Imprensa de comunidades imigrantes de São Paulo e identidades**: estudo dos jornais ibéricos Mundo Lusíada e Alborada. São Bernardo do Campo: Umesp, 2007.

FALBEL, Nachman. A imprensa ídiche como fonte para o estudo da história dos judeus no Brasil. In: FALBEL, Nachman. **Estudos sobre a comunidade judaica no Brasil. São Paulo**: Fiesp, 1984.

_____. Os sefaraditas e o início da imprensa judaica no brasil. In: Revista Morashá, São Paulo, n 19, dez, 1997.

FAUSTO, Boris. **Imigração e participação política na Primeira República**: o caso de São Paulo. In: FAUSTO, Boris et al. **Imigração e política em São Paulo**. São Paulo: Editora Sumaré, 1995. p. 7-26.

FERREIRA, Maria Nazaré. **A imprensa operária no Brasil**: 1880-1920. Petrópolis: Vozes, 1978.

FESTA, Regina; SILVA, Carlos Eduardo Lins da (Orgs). **Comunicação popular e alternativa no Brasil**. São Paulo: Edições Paulinas, 1986.

FREITAS, Sônia Maria. **Falam os imigrantes**: memória e diversidade cultural em São Paulo. São Paulo: S. M. Freitas, 1999.

_____. **Presença portuguesa em São Paulo**. São Paulo: Imprensa Oficial do Estado, Memorial do Imigrante, 2006.

_____. RODRIGUES, Ondina Antonio. **Imigração espanhola no Estado de São Paulo**. 2 São Paulo, Memorial do Imigrante, 2003. (Série resumos ; n. 2).

GARCÍA C. N. **Culturas híbridas**: estratégias para entrar e sair da modernidade. São Paulo: Edusp, 1998.

HAJJAR, Claude Fahd. **Imigração árabe**: cem anos de reflexão. São Paulo: Editora Ícone, 1985.

HANDA, Tomoo. **O imigrante japonês**: história de sua vida no Brasil. São Paulo: T. A Queiroz, Centro de Estudos Nipo-Brasileiros, 1987.

HARDMAN, Francisco Foot. **Nem pátria nem patrão**: vida operária e cultura anarquista no Brasil. São Paulo: Brasiliense, 1983.

JAKATANVISKY, Jonas. **Os imigrantes lituanos em São Paulo (Brasil)**: o início: 1880-1931. São Paulo: All Print Editora, 2006.

KÁZECHY, Stanislav – **Publicações tchecas no Brasil:** Contribuição à história do jornalismo e imprensa tcheca no Brasil. São Paulo, Paper, 2009.

KIM, Yoo Na. **A jovem Coréia**: um almanaque sobre uma das imigrações mais recentes do Brasil. São Paulo: SSUA Editor, 2008.

KLEIN, Herbert S. **A imigração espanhola no Brasil**. São Paulo: Sumaré, Fapesp, Idesp, 1994.

_____. A integração social e econômica dos imigrantes espanhóis no Brasil. **Estudos Econômicos**, v. 19, n. 13, p. 457-476, 1989.

KOSHIYAMA, Alice Mitika. **Globalização e comunicação**: mudanças na comunidade nikkei e construção de novas identidades. São Paulo - Escola de Comunicações e Artes, Universidade de São Paulo, 2004.

_____. Globalização e mídia nikkei no Brasil. **Revista Veredas**, ano 3, n. 3, p. 45-52,2004.

LESSER, Jeffrey. **A negociação da identidade nacional**: imigrantes, minorias e a luta pela etnicidade no Brasil. Trad. Patrícia de Queiroz C. Zimbres. São Paulo: Editora da Unesp, 2001.

LOPES, Dirceu Fernandes. "A História como consciência crítica". Comunicação ao II Congresso da Rede ALCAR, Florianópolis, 15 a 17 de abril. 2004.

MACHADO, Michelli , MULLER, Karla M. Identidade cultural imigrante e o boletim A Família da Pompéia. **UNIrevista**, v. 1, n. 3, p., jul. 2006. Falta paginação

MARAN, S. L. **Anarquistas, imigrantes e o movimento operário brasileiro**. Rio de Janeiro: Ed. Paz e Terra, 1978.

MARTÍN-BARBERO, J. **Dos meios às mediações**. Rio de Janeiro: UFRJ, 2003.

MATHEUS, Tatiane. O outro lado da notícia. **O Estado de S. Paulo**. São Paulo, 9 fev. 2008. Caderno 100 Anos de Imigração Japonesa.

MELO, José Marques de. **Teoria do jornalismo**: identidades brasileiras . São Paulo: Paulus, 2006.

MENEZES, Lená Medeiros de. A devolução dos indesejáveis. **Nossa História**, ano 2, n. 24, p. 26-29, 2005.

NASCIMENTO, M. Isabel M., GONÇALVES, Aracely Mehl. Jornal e educação: a formação do militante anarquista. In: **Anais do XVIII Encontro Regional de História**. O historiador e seu tempo. Assis: ANPUH/SP, Unesp/Assis, 2006.

NOBLAT, Ricardo. **A arte de fazer um jornal diário**. 7. ed. São Paulo: Contexto, 2007.

OLIVEIRA, Carla Mary S. Imprensa e imigração na República Velha: a revista Lusitania e a colônia luso--carioca (1929-1934). **Portuguese Studies Review**, Peterborough, Ontário, Canadá, v. 12, n. 1, p.143-161, 2004/2005.

PARK, Robert. **The immigrant press and its control**. New York: Harper & Brothers, 1922.

PERUZZO, Cicilia M. K. Mídia comunitária. **Comunicação e Sociedade**: revista do Programa de Pós-Graduação em Comunicação Social da Universidade Metodista, n. 30, p.143-155, 1998.

_____. Mídia local e as suas interfaces com a mídia comunitária. In: **Anais do XXVI Congresso da Intercom**. Belo Horizonte: Intercom, PUC-MG, 2003.

QUINTELA,, Antón Corbacho. Os periódicos dos imigrantes espanhóis. **Anais do 2º. Congresso Brasileiro de Hispanistas**. Outubro de 2002 – In: www.proceedings.scielo.br

RAIZMAN, Isaac. **História dos israelitas no Brasil**. São Paulo: Buch Presse, 1937.

RAPCHAN, Eliane Sebeika. Lituanos e seus descendentes: reflexões sobre a identidade nacional numa comunidade de imigrantes. **Histórica**; Revista On Line do Arquivo do Estado de São Paulo. n. 10 maio 2006.

ROCHA, Vitória Garcia. A adjetivação nas cartas dos leitores do periódico La Battaglia. Tese Mestrado, FFLCH/USP, p. 21-30, 2008.

RODRIGUES, E. **O anarquismo: na escola, no teatro, na poesia**. Rio de Janeiro: Ed. Achiamé, 1992.

As comunidades imigrantes e sua imprensa | Bibliografia

SANCHES, Marcela Maria Freire. **Nova Andaluzia**: o processo de construção e reconstrução da memória e resistência da intelectualidade árabe no Rio de Janeiro. Rio de Janeiro. Comunicação ao XIII Encontro de História ANPUH Rio. 2008. disponível em: www.encontro2008.rj.anpuh.org.

SANTOS, Lilian Mann dos. **Kolonie-Zeitung, uma história**: a viagem pelas oito décadas do primeiro jornal alemão de Santa Catarina. Florianópolis. Universidade Federal de Santa Catarina, julho de 2004. disponível em: www.almanaquedacomunicacao.com.br/artigos.

SEITENFUS, Ricardo Antônio Silva. **O Brasil de Getúlio Vargas e a formação dos blocos 1930- 1942**. São Paulo: Companhia Editora Nacional, 1985.

SILVA, Silvania Maria Portela, PARK, Eun Yung. **O papel das igrejas protestantes na formação das redes sociais da comunidade coreana no Brasil**. São Paulo: USP/Escola de Comunicações e Artes, 2008.

SODRÉ, Nelson Werneck. **História da imprensa no Brasil**. Rio de Janeiro: Edições do Graal, 1977.

TOGO IORUBA (Gerson Miranda Theodoro). **Comunicação étnica**: mediações contemporâneas (imprensa negra, nikkei e indígena), disponível em: www.sobretudo.org.br.

TOLEDO, Edilene T. **Anarquismo e sindicalismo revolucionário**. São Paulo: Fundação Perseu Abramo, 2002.

_____. Em torno do jornal O Amigo do Povo: os grupos de afinidade e a propaganda anarquista em São Paulo nos primeiros anos deste século. Campinas. Revista **Cadernos AEL**, v. 5, n. 8/9, p.32-38, 1998.

TRENTO, Angelo. **Do outro lado do Atlântico**: um século de imigração italiana no Brasil. São Paulo: Nobel, 1989.

TRUZZI, Oswaldo. **Sírios e libaneses**: narrativas de história e cultura. São Paulo: Companhia Editora Nacional, 2005.

_____. Etnias em convívio: o bairro do Bom Retiro em Revista Estudos Históricos, Rio de Janeiro, n. 27, p. 143-166, 201,

VOROBIEFF, Alexandre. Identidade e memória da comunidade Russa em São Paulo. São Paulo. Tese Mestrado – FFLCH-USP. 2006.

ZEN, Erick Reis Godliauskas. **O germe da revolução. A comunidade lituana sob vigilância do Deops** (1924-1950). São Paulo: Arquivo do Estado, Imprensa Oficial do Estado, 2006.

Apoio

A IMPRENSA IMIGRANTE
Trajetória da imprensa das comunidades em São Paulo

	MEMORIAL DO IMIGRANTE DO ESTADO DE SÃO PAULO
Texto final	Marcelo Cintra
Pesquisa	Marcelo Cintra e Fernanda Scalvi (Enfoque Consultoria e Pesquisa em História)
Revisão	Ondina Antonio Rodrigues
Coordenação de Projeto	Soraya Moura (Memorial do Imigrante)
Projeto Gráfico, Editoração e Tratamento de Imagens	Carlos Edmur Cason - ME

	IMPRENSA OFICIAL DO ESTADO DE SÃO PAULO
Gerente de Produtos Editoriais e Institucionais	Vera Lúcia Wey
Assistente Editorial	Berenice Abramo
Assistência à Editoração	Fernanda Buccelli
Revisão	Wilson Ryoji Imoto
CTP, Impressão e Acabamento	Imprensa Oficial do Estado de São Paulo

Formato	18,5 x 27,0 cm
Papel Miolo	Couchê Fosco 150g/m²
Papel Capa	Cartão Triplex 300g/m²
Tipologia	Linotype Centennial, Serifa 75 Black
Número de Páginas	144